Das Heilige im Alltag?

**Eine Suche nach dem Heiligen,
Spirituellen im Alltag**

Linus Botha

Das Heilige im Alltag?

Eine Suche nach dem Heiligen, Spirituellen im Alltag

Linus Botha

Linus Botha, Das Heilige im Alltag?
ISBN: 9783746063201

Erste Auflage 2018
Zweite Aufflage 2018
Dritte Auflage 2019
Herstellung und Verlag
BoD - Books on Demand GmbH
In de Tarpen 42
D-22848 Norderstedt Deutschland

Inhaltsverzeichnis

1.0 Das Heilige in Geschichte und Gegenwart

Wenn wir uns mit Spiritualität und dem Heiligen beschäftigen, haben wir es mit etwas zu tun, das man nicht genau definieren, und in den Griff bekommen kann. Etwas, das rational und irrational zugleich ist, was erfahrbar ist und trotzdem sich nicht genau fassen lässt. Wie kann ich lernen, wie Spirituelles, Heiliges erfahrbar und gestaltbar wird? Kommt es drauf an, dass ich weiß, was ich tue? Ich kann es aber in diesem Fall nicht sicher verstandesgesteuert wissen und machen.
In dieser Spannung, in diesem Widerspruch bewege ich mich, und ich werde versuchen, das, worum es mir bei der Spiritualität geht, zu umkreisen, zu benennen, zu gestalten. Dazu habe ich Kriterien gesammelt für das Gelingen oder für die Verhinderung von spiritueller Erfahrung. Ich kann allein und miteinander eine Erfahrung in der Gruppe machen, die überraschend und für einige überwältigend sein kann. Es ist hierbei meiner Meinung nach, ein Ritual, eine Handlung notwendig, die benötigt Schutz, einen Rahmen, eine Form und macht einen achtsamen, bewussten Umgang und ein respektvolles Miteinander notwendig.
Das Spirituelle in dem erlebbaren Spannungsfeld scheint hin und her, beweglich zu schwingen, von „begreifbar und doch nicht greifbar". Dass weist mich auf etwas sehr Verletzliches hin, das meiner Meinung nach, einen sicheren Rahmen braucht. Das Heilige scheint zugleich jeden Moment möglich zu sein und doch manchmal kaum erreichbar. Das Spirituelle ist etwas, das emotional hoch besetzt ist, das für viele Menschen eine große Bedeutung hat, die gleichzeitig auch gefährdet ist. Vielleicht könnte man sagen, es geht um das, was uns heilig ist, dies ist für jeden etwas anderes und doch in seiner Essenz das Gleiche, wenn wir es erleben dürfen, es uns erfahrbar und bewusst wird und wenn wir darüber sprechen. Was ist das Heilige? Was ist das Heilige im Zeitalter der

Moderne? Was war das Heilige zu anderen Zeiten vor der unseren? Ich will das Thema von unterschiedlichen Perspektiven her beleuchten, um ein Wissen zu entwickeln, in welchen geschichtlichen und gesellschaftlichen Rahmen wir uns bewegen, wenn wir uns mit Spiritualität beschäftigen.

Das Heilige gibt es nicht mehr. Jedenfalls nicht mehr unhinterfragt und für alle gleich gültig. Es scheint geschwunden, erloschen; man muss es suchen und ausgraben, finden. Das Heilige scheint nicht in eine Zeit zu passen, der nichts mehr heilig ist, in der es keine Tabus mehr zu geben scheint.

Vielleicht fragen gerade deshalb Jugendliche, Männer und Frauen, Philosophen heute wieder danach. In allen menschheitlichen Phasen tauchte das Heilige als Erfahrung, als Bedürfnis und als lebendig vollzogene Gestalt auf. Wenn auch in Zukunft mit dem Heiligen umgegangen werden soll, dann gewiss nicht naiv und historisch unschuldig. Wir müssen einen geschichtlichen Bruch überwinden, in dem das Heilige vom Alltäglichen, vom Materiellen Irdischen scheinbar ausgelöscht wurde. Wir können Spuren suchen, an die man anknüpfen kann, und wir können reflektieren, hinterfragen, zweifeln und erfühlen, was wir dabei erleben. Ein Umgang mit dem Heiligen kann nicht hinter die Aufklärung zurück fallen, hinter einen naiven kindlichen Glauben, dass Alles, für immer feststeht, oder dass die heiligen Schriften, die universellen Bücher, „Wort für Wort" und „von Gott allein gegeben" und unverfälscht sind. Wenn wir einen zeitgemäßen Umgang lebendig und erneuert üben wollen, müssen wir innerlich und äußerlich beweglich , dialogfähig werden, wenn es einen gemeinsamen friedlichen Weg in die Zukunft für alle geben soll. Es hat eine Entzauberung der Welt durch die Wissenschaft stattgefunden; damit scheint das Heilige zu einer vormodernen Angelegenheit geworden zu sein.

Die Gegenthese lautet dazu Das Heilige ist nicht

vergangen, sondern es ist als Verschobenes, Verborgenes, Verdrängtes und Vergessenes durchaus aktuell. Man muss es nur kenntlich zu machen verstehen, d. h. man muss es entdecken, darstellen und noch aus seinen verwischten Spuren rekonstruieren können. Vielleicht ist auch die entzaubernde Wissenschaft ein Ersatz für den Zauber geworden, vielleicht ist das Heilige an eine andere Stelle gerückt und nun, ohne dass es uns bewusst ist, mächtiger denn je.

Es gibt für viele Menschen ein Leiden an der entheiligten, an der heillosen modernen Wirklichkeit. Es gibt scheinbar ein nicht auszurottendes Bedürfnis nach Sinn, nach Intensität, nach Zugehörigkeit, nach etwas, das größer ist und über das Alltägliche und Machbare hinausgeht, dass uns hilft über das Unerträgliche, Unaussprechliche, über das Leid, über Schuld, Scham und das „Schlechte" hinüber zu kommen.

Die vielen esoterischen und privat-religiösen Unternehmungen zeugen davon. Sie dienen nicht alle dem Wohl der Menschen; sie halten nicht alle, was sie versprechen. Insofern könnten Kirchenmenschen sich aufgerufen fühlen, sich als Experten im Umgang mit dem Heiligen angesprochen zu fühlen, das Bedürfnis aufzunehmen und auf eine Weise zu gestalten, die erlösend und nicht bedrückend ist. Und das ist eine Kunst, ein Weg auf Messers Schneide.

1.1 Was ist das Heilige?

Der Begriff: Heilig enthält heil: Ganz, gesund, unversehrt. Daneben existierte eigenständig das Substantiv Heil: Vorzeichen, Zeichen. Ein gleichlautendes Femininum: Heil, Segen, Glück. Außergermanisch auch: Zeichen, Vorzeichen, Schicksal, auch Glaube, Vertrauen, verwandt auch mit heiter: es bezieht sich auf Himmel und wird dann übertragen: heiter, klar leuchtend, hell, hervorragend. griechisch: hagios: geweiht, ehrwürdig, rein, lateinisch: sacer: heilig, geweiht, verflucht, verrucht, verabscheuungswürdig oder tabu, d.h. rein und schmutzig.

Die Übersetzung aus dem Lateinischen verweist auf ein Paradox, auf Gegensätzliches in dem selben Wort. 1917 hat Rudolf Otto eine berühmt gewordene Schrift über das Heilige veröffentlicht, in der er sich mit diesem Sachverhalt, mit dieser Diskrepanz, mit Merkwürdigkeit befasst. Er ist ein Christ, der seinen Glauben in eine Harmonie mit der gesamten Religionsgeschichte bringen will. Er nahm an, dass von einem Gefühl eines Unheimlichen bei den frühesten Menschen alle religionsgeschichtliche Entwicklung ausgegangen ist.

Sie machten Erfahrungen mit etwas, das sie zugleich faszinierte und erschreckte. Er nennt es mysterium fascinosum et tremendum. Das Heilige ist etwas Geheimnisvolles, Numinoses, und es hat zwei widersprüchliche Seiten: Neben das Sinn-verwirrende tritt das Hinreißende, das einen taumeln machen kann. Neben das Lockend-Reizvolle tritt das Grauenvoll-Furchtbare. Neben das leuchtend Klare tritt das Unheimliche. Wer es mit dem Heiligen zu tun bekommt, bekommt es also mit einem Widerspruch zu tun, mit etwas Zwiespältigem und ist im doppelten Sinne hin- und hergerissen. Wie kann ich das verstehen, weiter denken, weiter fühlen? Gibt es hier vielleicht etwas Erlösendes, etwas dass diesen Widerspruch auflösen kann? Ich kann mir vorstellen, wie etwas Erhabenes, Leuchtendes einen Schatten auf alles von ihm Ergriffene wirft, wie die Sicherheit, die von ihm ausgeht, alle anderen ihre eigene Angst spüren lässt. Aus der Ferne ist das Erhabene großartig, aus der Nähe kann es schrecklich sein.

Im Ersten Testament gibt es die Tradition, dass man Gott nicht direkt begegnen kann, ohne zu sterben (Mose, Elia, die Propheten). Gott offenbart sich nur, indem er sich gleichzeitig verhüllt. Gott gegenüber zu treten bedeutet die Vernichtung des Menschen (Jesajas Berufung). Gott lässt die Erde erbeben, wenn er erscheint. Gott hüllt sich in Rauch, wenn er auftritt. Luther hat gesprochen vom „deus revelatus" und vom „deus absconditus", vom offenbaren und verborgenen Gott.

Der verborgene Gott ist erschreckend. Indem wir Gott zu einem „lieben" Gott gemacht haben, wurde diese uns unkenntliche und unverfügbare Seite Gottes verleugnet. Bei Otto geht es noch um so etwas wie zwei Seiten einer Medaille. Bei Luther und später auf andere Weise auch bei Freud geht es um etwas noch Verwirrenderes: Dass derselbe Gott im gleichen Moment hinreißend und angsteinflößend sein kann, dass dieselbe Mutter im Kinde zärtliche und feindselige Gefühle auslöst, ist alles andere als ein einfaches harmloses Nebeneinander. Ambivalenz bedeutet höchste Gefühlsspannung und schmerzhaften Konflikt. Das Heilige ist nicht, wie wir es gern hätten. Es ist nicht nur schön, es ist nicht nur erhaben. Es ist schrecklich und abstoßend. Beides gehört zusammen. Gutes und Böses treten vermischt auf, sind nicht gespalten.

Wenn Gut und Böse auseinandergerissen werden, haben die, die auf den jeweiligen Seiten stehen, weniger Konflikt;- dafür gibt es Krieg. Das ist die Erfahrung unter Menschen. Vielleicht gilt sie auch für das Heilige?

Mit der Ambivalenz des Heiligen hängt auch das Tabu zusammen, das mit ihm verbunden ist.

Das Tabu ist ein Verbot. Das Heilige darf nicht berührt werden. Und wer zum Heiligen gehört, hat sich ebenso an bestimmte Gebote zu halten. Sie dürfen kein Schweinefleisch essen oder müssen beschnitten werden. Es gibt keine Begründung für das Verbot oder das Gebot. Das Einhalten bedeutet Unterwerfung. Aber dadurch wird die Angst gebannt. Wer das Tabu einhält, braucht sich nicht zu fürchten. So bildet das Tabu einen Kompromiss im schwierigen Umgang mit dem Heiligen.

Das Göttliche, Heilige, Irrationale wird in der Philosophie als eine geheimnisvoll dunkle Sphäre beschrieben, die sich nicht unserem Gefühl, aber unserem begrifflichen Denken entzieht und die wir das 'Irrationale' nennen. Das Irrationale ist nicht das Verstandeslose, sondern das, was jenseits des Verstandes liegt. Dadurch lässt sich das Irrationale auch nicht auf den Begriff bringen. Durch den Versuch der Erklärung und Analyse haben Menschen immer wieder versucht, ihr Erlebnis, ihren Kontakt, ihre Berührung mit eigenen Bildern und den hervor gerufenen Gefühle zu umschreiben. Diese Gefühle bilden eine Klasse für sich, sie lassen sich durch ihnen scheinbar verwandte profane Gefühle vielleicht wecken, nicht aber aus ihnen ableiten. Alle Ausdrücke und Beschreibungen, die auf das Numinose als einem Irrationalen verweisen, kann man als Ideogramme bezeichnen, als individuelle Versuche der Deutung undErklärung.

Gelebte Religionen können die Chance bergen dass das Irrationales und Rationales in vollkommener Harmonie vereinigt sein können und das Paradoxon überwunden werden kann. Es kann auch die Gefahr bestehen, dass Religionen durch ihre Bilder und Traditionen das Heilige verflachen, wenn sie ihren irrationalen Ursprung verleugnen.

Wissenschaftlich werden allgemein zeitliche Phänomene daraufhin logisch chronologisch geordnet. Das eine folgt stets auf das andere. Die Kausale Ordnung scheint wie aufgehoben zu sein. Die innere Offenbarung des Heiligen aus dem Geiste, die Erweckung des religiösen Gefühls kann als eine äußere Offenbarung des Heiligen erlebt werden. Diejenigen, die teilhaftig werden, die mit der Gabe der Divination begnadet sind sprechen von einem Blick in die Ewigkeit. Sie kommen der Welt auf den Grund für einige Augenblicke, danach ist alles anders... Das Heilige kann als eine Kategorie a priori angesehen werden. Das bedeutet, das Numinose erscheint dadurch, dass es ein Gefühl des Irrationalen hervorruft, wobei das Gefühl mit all seinen Details, zusammengefasst als mysterium tremendum et fascinans, eine eigene Kategorie bildet.

Die äußeren Gegebenheiten, welche dieses Gefühl hervorrufen, sind also nicht selbst das Numinose, sondern rufen lediglich sein Gefühl hervor, sie sind "Gelegenheitsursachen". Alle Erkenntnis scheint schon da zu sein. Wir haben jedoch den Horizont der Sprache, hinter den wir schauen können. Wir sind normaler weise nur vor diesem Horizont und nehmen die Dinge wahr und können sie beschreiben. Das gilt nicht nur für die Wahrnehmung im Außen, sondern auch für die Innenwahrnehmung als Selbstwahrnehmung.

Das heißt überspitzt, wir wissen nur wer wir sind, weil wir uns ständig sagen, wer wir sind, so wie uns zuvor andere gesagt haben, wer wir sind. Seit dem sogenannten linguistic turn scheint das in den Geistes- und Sozialwissenschaften allgemein anerkanntes Paradigma zu sein.

Erfahrungen der Selbsttranszendenz, bestehen in ihrem Charakteristikum gerade darin, dass hier Individuen nicht in den Kasten ihres Bewusstsein eingesperrt bleiben, sondern ihre Ich- Grenzen öffnen, sich selbst transzendieren, ihre fundamentalen Beziehungen zur Welt und zu sich verändern. Wer nicht mehr in den "Kasten des Bewusstsein" eingesperrt ist, so sollte man meinen, der ist entweder bewusstlos oder tot. Eine Öffnung der Ich-Grenzen, sich selbst transzendieren,

13

bedeutet eben auch, dass die sprachliche Selbst-vermittlung zusammenbricht, wodurch sie in ihrer Konstitutionsleistung für das alltägliche Selbst aller-erst erfahrbar wird. Dabei wird der "Kasten des Bewusstseins" nicht verlassen sondern ausgedehnt und das Selbst, das sich jetzt seiner bewusst wird, ist ein anderes als zuvor. Diese Ausdehnung kann so weit gehen, bis das Selbstbewusstsein das gesamte Wahrnehmungsfeld umfasst. Das bedeutet, dass jetzt die zuvor als real interpretierte Außenwelt als bloße Vorstellung bewusst wird. Die Kluft zwischen Subjekt und Objekt verschwindet, das Bewusstsein ist jetzt Weltbewusstsein als Selbstbewusstsein und umgekehrt. Wenn etwas als bloße Vorstellung bewusst wird, heißt das so viel wie: es wird unwirklich, vielleicht sogar unheimlich. Hinter dem Unwirklichen regt sich das „Wirkliche" oder hier vielleicht besser: das „Wirkende".

Manch ein Realist wird es eher für den Beginn einer Psychose halten und den Wahrheitsgehalt solcher Erlebnisse bezweifeln. Den linguistic turn vollzogen zu haben, ist nicht das alleinige Verdienst der analytischen Philosophie des 20. Jahrhunderts. Die deutsche Tradition weist eine Reihe von Denkern auf, die sich bereits früher als die Vertreter der analytischen Philosophie und vielleicht sogar radikaler als diese der Sprache zuwandten.

Von Hamann, Herder und Humboldt können als Vertreter einer expressiv - konstitutiven Sprachauffassung gelten. Diese geht u. a. davon aus, dass durch das Aussprechen erst die Wirklichkeit geschaffen wird, von der die Worte sprechen. Das würde bedeuten, dass z.B. das Heilige erst zur vollständigen Entfaltung gelangt, nachdem der Mensch es als solches ausgesprochen hat. Vor der Sprachhandlung war es zwar auch schon? Da oder nur möglich da? Was war da? Auf jeden Fall namenlos, ungeklärt und eingefaltet, noch nicht zum Heiligen ernannt und dadurch allenfalls diffus spürbar. Nur besagte diese Theorie nicht zuvor auch, dass zu seiner Wahrnehmung - wie auch immer - das Wort bereits gegeben sein müsste?

Vergegenwärtigt man sich die evozierende Kraft, könnte man nachdenklich werden. Aber das Heilige als Effekt eines Sprachereignisses? Die 'Inthronisation'mit der Gottheit durch rituelle Anrufung? Wie geht das vor sich? Das Heilige als Kategorie a priori wurde als kategorialer Missgriff bezeichnet, der überdies die Gottheit zu einer rein inner-subjektiven Angelegenheit macht. Das meint implizit, dass infolgedessen die Gottheit durch das Individuum bedingt wäre.

Die Gottheit soll aber für sich sein, gleichsam von außen kommen. Aber würde sie nicht gerade dadurch zu einem Gegenüber degradiert werden, das auf gleicher Augenhöhe zum Menschen stünde: Ich hier - Gott da? Anders gesagt, wo sonst sollte die Gottheit eigentlich erfahren werden, wenn nicht im Innern, einmal abgesehen davon, dass der Unterschied von Innen und Außen in Anlehnung an Hegel ins Bewusstsein fällt, dass es kein außerhalb des Bewusstseins gibt, das nicht von diesem selbst als solches gesetzt wäre?

Hinter dem Unwillen,die Gottheit oder das Heilige im Subjekt zu verankern, steht vermutlich die Befürchtung, das Heilige dadurch in das Belieben des Menschen zu stellen. Als wenn der Mensch allezeit darüber verfügen könnte, was in ihm erscheint und was ihn überkommt. Wie aber könnte das Subjekt mit dem Heiligen verbunden sein, wenn die Möglichkeit seiner als einer Kategorie a priori ausscheidet? An dieser Stelle lohnt es sich vielleicht, den Hinweis auf die Sprache wieder aufzunehmen.

Der Mensch ist das einzige Lebewesen, das Religion hat, weil es zugleich das einzige ist, das Sprache, später auch Kultur und Kunst hat. Letzteres wiederum hat es mit seinem Schöpfer gemein, beginnt die Schöpfung doch mit einer Sprechhandlung. Die Selbsttranszendenz kann von uns dadurch erfahren werden, dass die Sprache, mit der wir uns unser Selbst vermitteln, außer Kraft gesetzt wird. Das kann bis zum völligen Zusammenbruch jeglicher Sprachvermittlung führen. Dadurch wird der Grund der Sprache offenbar. Dort ist erst mal nur abgründiges Schweigen. Dieses Schweigen kann nur ein Wesen erfahren, das Sprache hat. In diesem Schweigen haben die Mystiker alter Zeiten Gott erfahren. Wem es gegeben ist, an den Gott Abrahams zu glauben, der wird den Gott der Philosophen nicht brauchen.

1.2 Was hat das Heilige mit dem Leben zu tun?

Es ist das, was uns gegenüber, was uns fremd ist, das Andere, über das wir nicht verfügen, das uns aber unser Eigenes wahrnehmen lässt. Für Brigitte Boothe (Prof. phil.) ist das Leben im Horizont des Heiligen betrachtet nie harmlos, nie lau oder kühl. Zwei Haltungen im Umgang mit dem Heiligen sind für sie zentral: Die Anschauung, die Andacht und die Überraschung. Die Anschauung, die Andacht: Ich betrachte ein Gegenüber, ohne sein Geheimnis zu enthüllen und ohne es zu stören. Meine eigene Existenz wird dabei unmittelbar kreatürlich erfahrbar: Ich bin da! Ich staune, dass ich einfach da bin. Eine bodenlose Fröhlichkeit, ein selbstreflexives Staunen. Die Überraschung: Das Gegenüber ist anders als ich gedacht habe. Es ist fremd. Ich kann es nicht fassen. Es haut mich um, es erschüttert mich. Deshalb brauche ich Abstand.

Ich kann die Erfahrung machen, von etwas Außerordentlichem, das vielleicht ganz unspektakulär ist. Eine Blume, ein Kind, ein Gesang, können Auslöser gewesen sein. Ich habe mich selbst transzendiert und bin mir dadurch selbst bewusster geworden. Aber ich bleibe nicht unverändert stehen, sondern bin ergriffen und berührt, erstaunt und verwundert, beschenkt und überrascht.

Dies sind Momente intensivsten Erlebens, die nicht gebunden sind an besondere Ereignisse. Außenstehende können es als lächerlich empfinden. Diese Erlebnisse bringen mich in Kontakt mit dem Grund des Lebens, mit dem Grund des Daseins überhaupt. Sie bringen mich in Kontakt mit etwas, das größer ist als ich. Es kann zu meinem Energiezentrum werden und weckt Kräfte der Belebung, den Friedens, der Erlösung.

Das Heilige hat von dorther eine ästhetische Dimension. Das religiöse Erleben kann etwas Ekstatisches haben; es drängt dazu, sich auszudrücken. So hat alle Kunst von

Anbeginn an etwas mit dem Heiligen zu tun. Musik lässt ein Transzendentes unmittelbar spüren. Das Heilige wird immer schon künstlerisch gestaltet und symbolisch repräsentiert. In der kultischen Hierophanie wird das Heilige im Ritual des Schauspiels durch einen Schauspieler repräsentiert. Es führt zu einer anderen, als der gewöhnlichen Wahrnehmung. Der Spieler / Priester hat eine Vision. Die Teilnehmenden sehen ihn die Vision haben und nehmen an einem imaginären Szenario voller Spannung teil, ohne dass es wirklich geschieht. Nur in wenigen Situationen wird das Heilige so deutlich erfahren wie in der leidenschaftlichen Liebe.

Die Sprache der Liebe und die der Mystik sind fast ununterscheidbar. Beide haben sich wechselseitig Worte für Unbeschreibliches geliehen. Im 12. Jahrhundert entwickelt sich der Diskurs der leidenschaftlichen Liebe in der Provence. In unseren Landen gab es die Minne. Aber das Hohelied Salomos ist noch viel älter. Im Zentrum dieser Liebe stand ihre Unerfüllbarkeit. Dadurch wuchs die Leidenschaft. Das Verbot, der Verzicht, die Reinheit, die Hoffnung auf eine Vereinigung zuletzt im Tode sind bestimmende Elemente. Die Intensität der Liebe führt zu Selbst-Transzendierung und zu einer rastlosen Suche nach Erfüllung und Imagination.

Ähnlich ist es in der Gotteslyrik der Mystik. Gott als das ganz Andere, wird von der sich nach ihm verzehrenden Seele begehrt, ersehnt, erhofft, erwartet. In der Liebe zu Gott öffnet sich ein innerer Raum für das Heilige, ich will mich hingeben. Es kommt zu einer Transzendenz mitten im Leben. Die Erfüllung wird als Vereinigung vorgestellt, als Überwindung der Trennung.

Das Heilige hat auf fundamentale Weise mit dem Leben zu tun, ist seine äußerste Zuspitzung vielleicht. Es gibt aber kein physisches Leben ohne einen Körper. Es gibt kein Erleben ohne Sinnlichkeit. Die Feministische Theologie hat aufgedeckt, wie sehr in der abendländischen Tradition Natur und Geist auseinandergerissen und einseitig mit den Geschlechtern verbunden wurden. Dabei erfuhr zusammen mit der Natur, alles Körperliche, Weibliche eine ungeheure Abwertung. Das Weibliche wurde aus dem religiösen Kult verdrängt; die Erinnerung daran, dass das Heilige auf das Engste mit dem Weiblichen, vom dem das Leben herkommt, verbunden war, wurde vergessen. Auch die Sexualität als Quelle von Leben und Kraft wurde aus dem Bereich des Heiligen herausgenommen und in den Schmutz geworfen. Mit dieser Polarisierung wurde aber die Ambivalenz des Heiligen selbst reduziert, auf die eine Seite des Schönen, Reinen, Unerreichbaren. Die Kühle, die Langeweile, die Kopflastigkeit und Unsinnlichkeit kirchlicher Rituale haben mit dieser Entwicklung zu tun. Diese Geschichte steckt uns in den Knochen und ist nicht einfach aufzuheben. Die Erinnerung an Verlorenes könnte aber die Nähe vom Heiligen zum Leben wieder spürbarer und gestaltbarer machen. Das ist ein großes Kapitel für sich; es hat für Heutige auch erschreckende Züge, weil damit ein Tabu gebrochen wird, das Tabu, das Heilige und die Sexualität zusammen zu denken.

Ich verweise auf vorchristliche Fruchtbarkeitskulte, auf die freifaltige Göttin, die die Lebensphasen einschließlich des Todes repräsentierte, auf die heilige Hochzeit als dem zentralen Kult, auf Opferhandlungen, von denen wir nicht wissen, ob und wo dabei wirklich oder imaginär getötet wurde. Im gesamten vorderasiatischen Raum sind Spuren der Göttin (Aschera, Ischthar, Anath etc.) und von Götterpaaren (El-Aschera, Jahwe-Anath) nachweisbar; im Dionysoskult wird das faszinierend Schreckliche mancher Kulte noch heute spürbar.

1.3 Hat das Heilige einen Raum und eine Zeit?

Das Heilige ist räumlich. „ Das Heilige ist heilig nur an seinem Ort.“ (Levi-Strauss) Man könnte den Satz auch umkehren und sagen: Nur dadurch, dass etwas an seinem Ort ist, kann es heilig sein. In der geschichtlichen Erfahrung ist die Welt dem Menschen gegenüber zunächst ungeordnet, gestaltlos, sinnlos. Chaos. Eine Ordnung ergibt sich zuerst aus den Erfahrungen des Rhythmus, die sich körperlich, sozial im Verlauf eines Jahres oder eines Lebens und die sich im Kosmos als Tag, Jahr, Weltenlauf zeigen. Das sind zeitliche Ordnungen. Sie binden sich im Erleben aber an Räume. Heilig sind die Orte, wo beide Ordnungen zusammenkommen, wo das Heilige geschieht. Templum ist zunächst ein Bezirk, der ausgesondert wird durch Umschreitung. Vorher muss er ausgewählt werden; dazu berücksichtigt man natürliche und kosmische Hinweise. Die Umschreitung ist wesentlich. So entsteht der heilige Kreis, der an vielen Stellen der Erde an Orten alter Heiligtümer zu finden ist. Altar-Umschreitungen erinnern noch heute an diesen Akt. Dann wird dort der Tempel gebaut, indem das Heilige seinen Ort hat und immer wieder gefeiert wird.
Am Beispiel Roms zeigt Rudolf zur Lippe, wie die dazugehörige Stadt als Abbild des Himmels gebaut wurde. Der Himmel wurde als Spannungsfeld zwischen Sonnenaufgang und Untergang gesehen, als Beziehungsgefüge, das in zwei Linien gefasst werden kann, die jeweils die zwei entgegengesetzten Extreme miteinander verbindet. So wird das Kreuz dieser Himmelsachsen zu einer grundlegenden orientierenden Ordnung, das auf die Erde projiziert werden kann.
 An vielen Heiligtümern, etwa im altgriechischen Delphi, gab es einen Mittelpunkt, Omphalos, Nabel, genannt. An diesem Ort sei der Nabel der Welt. Dabei geht es nicht um die Stelle als solcher. „ Der Nabel ist Ort als Ort des

Austausches,.. ist der Ort des Aufbruchs und der Ankunft, der Beziehung und der Erfahrung zu den Tiefen wie zu den Höhen. Als solcher ist er Ort und heilig." Der Omphalos wird manchmal als Buckel, als Ausstülpung, manchmal als Öffnung, Einstülpung dargestellt. Die Wechselbeziehungen zwischen Kosmos und Erde, Erde und Unterwelt, zwischen oben und unten finden hier statt. Etwas Ähnliches findet sich an der Kreuzung der Himmels-Achsen in Rom: Daneben wurde eine Grube ausgehoben. Die Menschen warfen Blumen und Obst für die Fruchtbarkeitsgöttin hinein, und durch die Grube, den mundus kommen zu bestimmten Zeiten die Toten zurück. Der mundus verbindet die Römer mit dem Reich der Toten ebenso wie mit dem der Lebenskräfte.

Es geht also um Verbindungen, um Durchgänge, um Wechselbeziehungen. An vielen Heiligtümern gibt es große Steine mit runden Öffnungen, durch die man hindurch kriechen kann. Die Schamanen kennen eine Reise durch die Nabelschnur, die sie stellvertretend vollziehen. Es geht um Wiedergeburt und Initiation, die verwandelt und in eine neue Ordnung einführt. Die symbolische Einheit von Mund, Nabel und Vagina ist der körperlich vorgestellte Ort solcher Erfahrungen. Grube und Buckel, das Miteinander von Männlichem und Weiblichen am Heiligen Ort verweisen auch auf den Geschlechtsakt als Ausgangspunkt des menschlichen Lebens.

 Aus dem Buckel, dem Omphalos, geht manchmal ein Baum hervor; er verbindet den Ort mit Himmel und Unterwelt und ist das Symbol für Verwandlung schlechthin. Lebensbaum. Und auch dabei gilt immer: Es geht nicht um den Ort, nicht um den Baum an sich, sondern beide verweisen auf etwas anderes; das Heilige kann sich an ihnen ereignen. Das Heilige ist ein Geschehen voller Wechselbeziehungen, die in das Zentrum des Lebens führen. Rhythmus, Ekstase, Tanz, Musik und Kunst sind von alters her Formen, in denen die Menschen am Heiligen teil genommen haben und darin heil wurden; sie wurden ganz im Nachvollziehen des Ganzen. In der Wiederholung wird Ordnung und Zuverlässigkeit erlebt und hergestellt.

Das Heilige ist ein Geschehen, das überwältigend ist und die Normalzeit unterbricht, der Einbruch, das Hereinkommen des Heiligen in unsere physische Lebenswirklichkeit, ist ein Geschehen, das die Zeitrechnung selbst bestimmt (Geburt und Tod, Hochzeit und Katastrophe, davor und danach). Ein Fest in Abhebung zum Alltag. Ein Geschehen in der Zeit, in dem die Zeit transzendiert wird. Da ist möglich, was sonst unmöglich ist und erlaubt, was anderntags verboten ist. Wenn das Heilige dauerhafte Orte und Zeiten hat, dann ist es in einer mobilen und schnelllebigen Welt schlecht um es bestellt. Das Ganze scheint es nicht mehr zu geben. Es ist auseinander gefallen in lauter autonome unverbundene Teile. Obwohl es durch die Medien viel mehr Austausch gibt, leben Menschen dicht neben-einander in unterschiedlichen Alltagswelten und Kulturen, zwischen denen es kaum eine Vermittlung gibt. Kollektive Symbolsysteme können sich nicht halten. Und die Intensität des Erlebens wurde vertauscht mit immer neuem Erleben, das aber nicht mehr verwandelt, sondern aufputscht und dann Leere, einen schalen Geschmack, zurücklässt.

Wir leben in einer Zeit, in der immer mehr passiert und immer weniger geschieht. Die Ereignislosigkeit drängt in Allmachtsphantasien bei faktischer Ohnmacht. Und weil man vermeintlich wenig tun kann, möchte man alles machen. Wir haben dafür gegenwärtig Beispiele, die auf Katastrophen zu drängen. Wir haben Rettungsversuche für das Heilige, Versuche, Wärme und Intensität, Bedeutung und Sinn, Unmittelbarkeit der Erfahrung wieder herzustellen. Darin zeigt sich eine Sehnsucht, ein Mangel. Das hat alles etwas Anstrengendes.

Das Heilige scheint keinen Halt mehr zu geben, und es ist nicht möglich, die Geschichte des Heiligen rückgängig zu machen. Denn worum es im Innersten geht, ist etwas, das niemand allein und eigenmächtig „machen" kann. Vielleicht ist es zu finden, zu entwickeln im gemeinschaftlichen Prozessen, sofern es sie noch gibt. Nötig wäre zu Aller erst, inne zu halten und zu lauschen, um sich einzufädeln in das, was wir das Lebendige nennen. Aus ihm kann das Heilige für unsere Wahrnehmung hervortreten.

Im Still-werden, im Zurücktreten, im Atemholen, im Lassen verbirgt sich ein Freiraum, in dem die Stille, der Kosmos hörbar, spürbar, erlebbar werden kann.

1.4 Soziologische Zugänge zum Heiligen

Zwei Zugänge soziologischer Art, die aufregend und einflussreich sind, sollen die Facetten ergänzen. 1967 findet der Literaturwissenschaftler Rene Girard einen Zusammenhang, der zum Widerspruch reizt, weil er ebenfalls ein Tabu verletzt, den Zusammenhang zwischen dem Heiligen und der Gewalt. Das Heilige gibt es nach Girard nicht unabhängig von Gewalthandlungen; es geht sozusagen aus ihnen hervor.

Gewalt ist eine alltägliche Erscheinung unter Menschen. Gewalt gebiert Gewalt. Sie hört nicht von alleine auf. In der Erwiderung von Gewalt liegt die Gefahr des Untergangs aller. Ihr muss also ein Ende gesetzt werden. Ein endgültiger Gewaltakt wäre nötig, der keine Gegenreaktion mehr hervorruft, eine Vernichtung oder – ein Opfer. Man identifiziert einen Sündenbock, auf den man die Schuld für das Unheil wirft. Gegen ihn können sich alle gemeinsam verbünden; auf ihn richtet sich jetzt der Zorn, er wird zum Opfer gemacht, getötet, vertrieben und mit ihm das, was die Gemeinschaft bedrohte und was sie auf ihn geladen hatte.

Auf diese Weise spendet das Opfer der Gemeinschaft „Heil". Durch seine Ausstoßung stellt er den „Frieden" wieder her. So wird aus dem verfluchten Sacer wird ein heiliger Sacer. Archaische Götter sind sakralisierte Opfer, und der Gehorsam ihnen gegenüber speist sich aus dem Schuldgefühl.

In der Religionsgeschichte, in den Mythen, gab es immer eine Weiterentwicklung: Im ersten, alten Testament steht der Gott zum ersten Mal in der Geschichte der Religionen auf der Seite der Opfer. Im zweiten Testament wird Gott selbst in der Person Jesu geopfert. Der Sündenbock-mechanismus wird in der Kreuzigungsgeschichte in seiner ganzen Tragweite aufgeklärt. Es ist eine menschliche Geschichte, in der Gott Platz nimmt. Hier ist ein aufklärerischer Umgang mit Gewalt und mit dem

Heiligen vorgezeichnet: Der Sündenbock löst das Gewaltproblem nicht. Die Menschen sind gefordert, einen anderen Umgang mit Enttäuschung, Wut, Neid, Angst, Hass und Gewalt zu finden als den der Projektion. Jesus sagt auf dem Weg nach Gethsemane zu den weinenden Frauen am Straßenrand: „Weint nicht über mich. Weint über Euch und über Eure Kinder." (Lukas 23, 28).

Die Moderne ist verständnislos, wenn es um den sakralen Schrecken geht, um den Zusammenhang zwischen dem Heiligen und der Gewalt. Sie verharmlost das Opfer in Begriffe wie Gabe. Damit wird aber die wirkliche Gewalt ausgeklammert, vom Heiligen getrennt und damit nicht mehr symbolisch bearbeitet und nicht mehr begrenzt. So kann sie sich ungehindert ausbreiten. Dieser Ansatz kann einen neuen Blick auf die Genese des Heiligen ermöglichen, auf die Dynamik, die das Heilige mit seinem Gegenteil verbindet. Ich berühre damit noch einmal, wovon ich am Anfang geschrieben habe, die Ambivalenz des Heiligen. Ich bin der Überzeugung, wir können/müssen uns „vor" dem Heiligen hüten; das Heilige kann/muss aber auch „von" uns gehütet werden.

Der Ansatz Thomas Luckmanns betrachtet die Geschichte der Institution, die das Heilige bewahrt und tradiert, die Religion. Für Luckmann ist das Religiöse der Kern des Sozialen. In der Religion transzendiert der Mensch sein biologisches Wesen und wird so erst zum Menschen. Das geschieht durch Kommunikation. In gemeinschaftlichen Prozessen geben Menschen sich Ordnung und Sinn; sie konstruieren Deutungen von der Wirklichkeit, Weltanschauung, Religion, die nun ihrerseits der gesellschaftlichen Integration dient. Dabei geschieht eine gewisse Objektivierung subjektiver Erfahrung. In den Austauschprozessen mit anderen geschieht Selbstreflexion, und es entsteht eine persönliche Identität der Einzelnen: Sie werden sich ihrer selbst in einem größeren Kontext bewusst.

In archaischen Gesellschaften gibt es keine Unterscheidung von religiösem und nichtreligiösem Bereich. Erst später wird ein heiliger Kosmos ausgegrenzt, und wird von „Experten" verwaltet. Das dazugehörige Wissen ist auf sie beschränkt. Ein Spezifikum der abendländischen Entwicklung besteht darin, dass die Religion die gesamte Sozialordnung legitimiert. Durch die Geschichte der Aufklärung wird die Sozialordnung säkularisiert. Aber Säkularisierung bedeutet nach Luckmann nicht den Schwund, sondern die Verlagerung von Religion. Sie löst sich von der Institution, der Kirche, und wird damit ungreifbar, unsichtbar. Die Kirche wird zu einer Institution unter vielen und büßt ihr Deutungsmonopol ein. So kann sie auch keine gesellschaftliche Integration mehr leisten.

Nun privatisiert sich die Religion. Sie wird in ihrer Orientierung diesseitiger. Ihr Inhalt sind individuelle Probleme. Die Religion wird zwischenmenschlich und innerlich. Es kommt zu einer Trennung von religiösen und öffentlichen Anliegen. Ein religiöser Subjektivismus und eine zunehmende Marktorientierung bilden sich aus. Das hat wiederum einen religiösen Pluralismus zur Folge und eine Ausweitung des religiösen Angebots. Nun können religiöse Inhalte ausgewählt und gemischt werden. Isolierte Einzelne können sich die religiöse Ware quasi wie im Supermarkt aussuchen und zu individuellen Menüs zusammenstellen. Religion wird zu einer Art Flickenteppich; das Heilige wird zu einer privaten Angelegenheit, über die man nicht spricht. Heute scheint das Motto zu gelten: „believing without belonging" und andersherum: „belonging without believing" alles ist relativ, frei und beliebig.

Individualisierung und Enttraditionalisierung lassen in der heutigen Postmoderne alles möglich werden; sie entwurzeln aber auch. Die Einzelne entscheidet über ihren Zugang zum Heiligen und darüber, ob es für sie überhaupt existiert. In dieser „unsichtbaren Religion" transzendiert das Individuum sich nicht durch die Begegnung mit einem Anderen; es wählt, was ihm besonders nahe liegt. Die Religion ordnet sich dem Individuum unter. Die Neognosis ist ein Ausdruck sogar der Sakralisierung des Ich, das kraft verborgener Energien die Einheit mit Natur und Kosmos erlangen kann. Im New Age und Okkultismus geschieht die privatistische Beschwörung des Transzendenten im Kult und damit die eigene Selbstüberhöhung..

Die neuen Träger des Religiösen sind von ihrer Herkunft her oft nichtreligiöse Gruppen. Gleichzeitig lagern sich religiöse Inhalte und Affekte an verschiedenste Bereiche der Gesellschaft an und werden damit bedeutungsvoll aufgeladen: Medizin, Wissenschaft, Technik. Am Horizont erscheint in Luckmanns Perspektive eine Gesellschaft, deren wesentliche Integrationsform die gesellschaftliche Konstruktion persönlicher Identitäten in wechselnden Gemeinschaften ist.

Wohinter wir nicht zurück können: Strukturen, Werte, das, was die Gesellschaft zusammenhält, als auch das, was als heilig gilt, sind nicht mehr unhinterfragt und selbstverständlich. Sie müssen immer neu ausgehandelt, entschieden und gerechtfertigt werden.

Die Globalisierung, die Vernetzung und gleichzeitige Überwindung und Auflösung aller Grenzen im Handel, der Kommunikation, der Verlust der Ehe un der Familie, der Rollen und Identitätsverlust, greift massiv um sich. Alles scheint möglich. Es gibt keine Konstante, keine Sicherheit mehr, keine verlässliche Kontinuität im Leben, weder biografisch, persönlich, sexuell, beruflich, noch sozial, wirtschaftlich, ökologisch und gemeinschaftlich. Aber die individuellen und persönlichen Lebensentwürfe und formen und auch die Religionen verschwinden nicht, sie verändern sich, sie entwickeln sich. Auch das, was sie hütet, das Heilige, verschwindet nicht. Sie wird nur ungreifbar und verlagert sich. Sie wird an unterschiedlichen Orten konstruiert, gemacht, gewählt.

Das Heilige wird in die Sphäre des subjektiven Meinens und Glaubens gedrängt.10 Insofern entzieht es sich. Seine gesellschaftliche Funktion wird nun eher von der Technik übernommen.

Die Welt wird im gleichen Maße heil-loser, in dem sie durch Atom- und Gentechnik handhabbarer und damit scheinbar sicherer wird. Denn mit der ungeheuren Macht, die die Menschen damit haben, wächst auch die Gefahr ins Ungeheuerliche. Wir sind gefragt, welchen Ort wir in dieser Geschichte einnehmen. Welche Gesellschaft wollen und können wir neu gestalten. Was kommt nach „Gesellschaft", eine neue „Meisterschaft"? Welche neuen Formen von Ordnung, Kontrolle von Führung wird es geben, auf Augenhöhe, auf eye-level, auf Ich-Ebene, Welche dialogischen symphonischen Formen des Zusammenlebens wird es geben? Es liegt in unserer Verantwortung, in unserer Freiheit, in der Hand eines jeden einzelnen, Wie handel ich, was konsumiere ich, was kaufe ich, was tue ich, was lasse ich. Mit welcher Haltung, mit welchen Konsequenzen, ich-orientiert oder gemeinschaftlich, am Gegenüber orientiert...?

1.5 Das Heilige in der Zukunft?

Was ist Jugendlichen und jungen Erwachsenen heute heilig? Wie kann das Heilige zukünftig leben? Ältere Menschen mit ihren Ansichten meinen häufig zur Jugend: „Denen ist einfach nichts mehr heilig!" Neben der wissenschaftlichen Definition und geschichtlichen Hintergründen wollte ich herausfinden, was Jugendlichen und jungen Erwachsenen „heilig" ist und was ihnen der Begriff eigentlich bedeutet. Dazu habe in Gesprächen mit Jugendliche sie selbst gefragt und es in der offenen Jugendarbeit in Gesprächen erfahren dürfen, was ihnen heilig ist.

(I.) „Denen ist einfach nichts mehr heilig!" mit diesem empörten Ausruf bringen für gewöhnlich kulturkritische Stimmen vornehmlich aus der älteren Generation die Distanz zwischen sich und „den jungen Leuten" auf den Punkt. Obwohl ich gestehen muss, dass mir solche Diagnosen mit zunehmendem Alter nicht mehr ganz fremd sind. Vieles, was früher heilig war - im Sinne von: Ehrfurcht erweckend, wertvoll, unbefragt gültig - ist heute entwertet, weil es selbstverständlich geworden ist oder weil es in seiner ehernen Gültigkeit fragwürdig wurde: der materielle Wohlstand, die unbegrenzte Verfügbarkeit von Informationen beispielsweise aber auch der christliche Glaube, die Ehe, Familie, Sicherheit, die Unfehlbarkeit der Wissenschaft, etc...

(II.) Die wissenschaftliche Herangehensweise an den Begriff des Heiligen füllt Bibliotheken der systematischen und praktischen Theologie. Eckpunkte des Heiligen sind die Unterscheidung der profanen und der heiligen Sphäre. Eine Unterscheidung, die aber nicht als Zwei-teilung zu verstehen ist, die das Profane der Bedeutungs-losigkeit überantwortet. Der heilige Raum und die heilige Zeit können als „konzentrierter Raum" und „gefüllteste

Zeit" von anderen Räumen und Zeiten unterschieden werden - sie strahlen aber dennoch in jeden profanen Raum und in jede profane Zeit hinein.

(III.) Was aber antworten Jugendliche, wenn man sie selbst heute danach fragt, was ihnen heilig ist? Es ist interessant, dass sich die Antworten auf diese Frage offenbar in den letzten 20 Jahren kaum verändert haben. Schon 1986 entschlossen sich engagierte katholische Jugend-arbeiter in Aachen, der dortigen Heiligtumsfahrt mit ihrem Reliquienkult eine ganz private Sammlung von Heilig-tümern gegenüberzustellen. Ihre Idee war, Heiligtümer Jugendlicher für eine Ausstellung zu sammeln. Die Viel-falt der damals zusammen-gekommenen Gegenstände ließ sich bündeln als:

1. Heiligtümer der **Erinnerung**: z.B. das Tagebuch, Fotos aus der eigenen Kindheit, der Penny oder der Stein als Urlaubserinnerung.

2. Heiligtümer der **Beziehung**, z.B. das Briefbündel oder der Besen als Geschenk einer Freundin, verbunden mit der Aufforderung, vor der eigenen Tür zu kehren.

3. Heiligtümer, in denen **Ideale**, Ziele, Werte zum Ausdruck kommen, z.B. die Flöte oder Tischtenni-sschläger als Symbole erster Erfolge; das Bergsteiger-seil, das die tiefe Naturverbundenheit seines Besitzers zum Ausdruck bringt

4. Heiligtümer der **Autonomie**, z.B. die abgetragenen Turnschuhe, das eigene Bett oder Zimmer, der Haarzopf Gegenwind" den Bedeutungsverlust des christlichen Glaubens verkündeten?

5. Heiligtümer der **Selbstverwirklichung**, z.B. Gitarre, das Malzeug, das selbstgemalte Bild

Die Grundidee - mit Jugendlichen anlässlich der Frage „Was ist Dir eigentlich heilig?" ins Gespräch über Sinnfragen und Religion zu kommen - funktionierte übrigens gut. So gut, dass das Projekt häufig in den verschiedensten Bistümern wiederholt wurde. Zuletzt sammelte der Regensburger Religionsdidaktiker Georg Hilger in Schreibwerkstätten mit Jugendlichen über 1.000 Texte zum Thema „Heilig ist mir ..." (vgl. Hilger 2002). Er fasste die Kernaussagen in einer „Hitliste" des Heiligen zusammen:

1. Familie (als die, die für mich da sind)

2. Freunde / Freundinnen (denen ich vertrauen kann, mit denen ich über alles sprechen und Spaß haben kann)

3. Gegenstände der Erinnerung (Stereoanlage, Computer, Handy, Fortbewegungsmittel).

4. Werte (Zuverlässigkeit, Gesundheit, Liebe, Freundschaft).

5. explizit Religiöses (Gott, Beten, Kirche).

6. freie Zeit (Abschalten, frei sein, ekstatische Erfahrungen machen) .

7. Orte (das Zimmer als Schutzraum für das innerste Selbst und Treffpunkt Jugendlicher).

8. Tiere (denen ich alles sagen kann, mit denen ich spielen kann).

9. Da eigene Leben.

Ich will es aber nicht bei diesem sehr wörtlichen Verständnis der Frage, was Jugendlichen heute heilig ist, belassen. Sondern nun auch ein wenig weiter ausholen und über die einschlägige Forschung zum Verhältnis Jugendlicher zur Religion berichten.

Der alte und der neue Glaube: Wer sich auf Nachrichtenmeldungen zur Situation des christlichen Glaubens seit Ende der 90-er Jahre verlässt, muss den Eindruck gewinnen, es gehe wieder aufwärts. Berichte über rückläufige Austrittszahlen künden von Optimismus bei den beiden großen Kirchen. Dabei hatten ihnen zuvor lange Zeit jährlich eine halbe Million Menschen den Rücken gekehrt. In eine ähnliche Richtung weisen Erhebungen der Evangelischen Kirche in Deutschland über Kirchenmitgliedschaft aus den späten 90er Jahren. Schon ihr Titel „Fremde Heimat Kirche" will - aller Kirchenferne zum Trotz - dennoch eine unbefragte Treue zum christlichen Glauben suggerieren.War es also vorschnell, wenn die Religionssoziologie ebenso wie die Titelseiten der Nachrichten, Magazine und Illustrierten in den 90-er Jahren mit schöner Regelmäßigkeit unter Überschriften wie „Kirche im Abseits", „Abschied von Gott" oder „Kirche im Gegenwind" den Verlust der Bedeutung des christlichen Glaubens verkündeten? Die so genannte religiöse Landkarte in unserer Gesellschaft hat sich verändert. Am augenscheinlichsten zeigt dies immer noch ein Blick auf die Statistiken. Heute zählen Gottesdienste weit weniger Besucher als noch vor einem Vierteljahrhundert. Ebenso nehmen die Häufigkeit des Betens und selbst der Glaube an Gott und an die Auferstehung rapide ab.

Auch für den Glauben an Jesus Christus und seine heilsgeschichtliche Bedeutung sind die rückläufigen Zahlen kein Geheimnis: Der Anteil derjenigen,die meinen, Jesus habe nie gelebt oder sein Leben habe zumindest keine Bedeutung für sie, hatte sich bei den Katholiken schon zwischen 1967 und 1979 von zehn Prozent auf 38

Prozent erhöht. Bei den Protestanten ließ sich im gleichen Zeitraum eine identische Steigerungsrate feststellen, allerdings auf einem höheren Niveau. Hier hatte bereits fast jeder Zweite seinen Glauben an Jesus verloren.

Wo für die zentrale Symbolfigur des Christentums also ein drastischer Bedeutungsschwund festgestellt werden muss, ist auch die grundsätzliche Tendenz der Haltung zum Christentum nicht weiter verwunderlich: Man schätzt es und findet es durchaus gut, dass es vorhanden ist - jedenfalls für andere! Für das eigene Selbstverständnis jedoch spielen christliche Überzeugungen immer weniger eine Rolle. Prinzipiell ist man aber froh, dass es das Christentum gibt. Es gilt als Halt für geistig Orientierungslose, als geistige Heimat für kognitiv Anlehnungsbedürftige und gewissermaßen als „Entsorgungsdienst" für soziale Randgruppen, die „Bildungsbenachteiligten" oder wirtschaftlich arme Menschen.

Vielleicht ist das Bild, das sich die Menschen in der Mehrheit heute von Jesus Christus machen, ein besonders eindrucksvolles Beispiel, um den Wandel der Glaubenswelten zu veranschaulichen. Aufschlussreich kann es sein, sich gesellschaftliche Entwicklungen im Spiegel von Jugendumfragen zu vergegenwärtigen. Denn in der jungen Generation zeigen sich Entwicklungstendenzen nicht nur am pointiertesten, die heutige Jugend stellt sozusagen die vorweggenommene Erwachsenenwelt von morgen dar. Schon die Shell-Jugendstudie von 1985 hatte festgestellt, dass Jesus als Mittler-Instanz des Glaubens bei jungen Menschen kaum noch eine Rolle spielt. Ein persönlicher Bezug zu Christus zeigt sich nur noch bei „kirchennahen" Jugendlichen. Die große Mehrheit der jungen Generation bestreitet zwar kaum die Existenz des Menschen Jesus von Nazareth. Mutmaßungen, dass er nur eine erfundene Person, ein ausgeflippter Hippie oder schlicht ein Betrüger gewesen sei, scheinen eher die Ausnahme zu sein. Die Überzeugung aber, er sei Gottes Sohn gewesen oder er habe gar uns von unseren Sünden erlöst, ist so gut wie verschwunden.

Man bewundert statt dessen die ungewöhnlichen Leistungen, Talente und Fähigkeiten dieses Ausnahmemenschen. Es entspricht der stark wissenschaftsorientierten, aller übersinnlichen Spekulation und Grundüberzeugung der Gegenwart, dass auch die biblischen Geschichten über Jesus von Nazareth auf ihren entmythifizierten, vermeintlich realen Kern zurückgestutzt werden. Dementsprechend sehen Jugendliche Jesus von Nazareth als einen Menschen, der Erstaunliches geleistet hatte: Beispielsweise als Charismatischen Führer, der wie Chomeini, Bhagwan oder der Dalai Lama eine eindrucksvolle Ausstrahlung hatte, als einen Wohltäter, der ähnlich wie Mutter Teresa den Ärmsten und Hoffnungslosen half oder auch als Sozialrevolutionär wie Martin Luther King oder Nelson Mandela.

Andere Jugendliche verstehen Jesus als Hellseher, der über die Gabe der Präkognition verfügte, sehen ihn als Heiler, der durch psychologische Fähigkeiten psychosomatische Krankheiten kurierte oder als Märtyrer, der für seine Überzeugungen gestorben ist und schließlich als Allround-Genie,der auf sehr vielen Gebieten „unheimlich viel gemacht" hat. Die Wertschätzung, die ein Teil der Jugendlichen dieser beeindruckenden Gestalt durchaus entgegenbringt, wird allerdings dadurch teilweise geschmälert, dass Jesus von der Kirche für ihr Marketing missbraucht worden sei. Die Kirche habe ihre abstrusen theologischen Konstrukte wie Gottessohnschaft oder Rechtfertigungslehre mit der Figur Jesus von Nazareth „vermarktet" und habe dabei - so wird aus heutiger Sicht unterstellt - auch von der Erfindung zusätzlicher Wundergeschichten nicht zurückgeschreckt. Letztlich habe die Kirche dadurch Jesus Christus, der ansonsten unter Umständen ein ganz brauchbares Vorbild abgeben würde, geradezu einen Bärendienst erwiesen. Die kritische Sensibilität gegenüber mächtigen Gruppen - und als solche gelten die christlichen Kirchen allemal - setzt hier misstrauisch an und wittert Versuche des Vereinnahmens. Die ursprüngliche Person Jesu und das, was seine Anhänger aus ihr gemacht haben, trennen heutige junge Menschen offenbar recht konsequent.

Insofern hat sich die Religionskritik eines David Friedrich Strauß, der bereits im 19. Jahrhundert die moderne Wissenschaft als den neuen verbindlichen Glaubenshorizont beschrieb, heute ins Bewusstsein, in unseren Alltag der Bevölkerungsmehrheit hinein verbreitert. Hatte Strauß schon als 27-Jähriger1835/36 mit seinem Buch „Das Leben Jesu. Kritisch bearbeitet" gewaltiges Aufsehen erregt, fragte er in seiner viel-geschmähten Altersschrift „Der alte und der neue Glaube" von 1872: „Sind wir noch Christen?" und „Haben wir noch Religion?" Der evangelische Theologe Strauß beantwortete diese Fragen so, dass es keine Vernunftgründe mehr gebe, die die schlichte gläubige Hinnahme biblischer Erzählungen rechtfertigen könnten. Trotz der Ablehnung der meisten überlieferten Religions-formen bleibe dennoch ein spirituelles Grundgefühl, eine dem „All" oder dem „Universum" gegenüber durchaus nicht unreligiöse Haltung.

Strauß, dessen Werk heute zu unrecht eigentlich nur noch als Objekt der gegen ihn gerichteten Polemik Nietzsches in Erinnerung ist, legte erstmals die Unvereinbarkeit von christlichen Dogmen und moderner, der Wissenschaft verpflichteter Weltanschauung populärwissenschaftlich dar.

Mehr als 100 Jahre später, Mitte des 20. Jahrhunderts, markiert eine religionssoziologische Untersuchung einen weiteren wichtigen Wendepunkt im Verhältnis von Kirche und Gesellschaft.

Als 1959 eine der ersten soziologischen Repräsentativ-Erhebungen zu Fragen des Glaubens erschien, gab ihr der spätere Bischof Hans-Otto Wölber den Titel „Religion ohne Entscheidung". Zornig konstatierte der kämpferische Gottesmann schon damals „ein kraftloses Unbehagen" in Glaubensfragen, „religiöse Unselbstständigkeit" und ein weit verbreitetes Desinteresse an kirchlichen Angeboten. Nur wenige, so könnte man die damaligen Befunde resümieren, „glauben viel", die „meisten glauben wenig". Die Analysen zeigten unmissverständlich, dass die Hälfte der Kirchenmitglieder für kirchliches Engagement nicht mehr erreichbar war. Weiter diagnostizierte Wölber das Fehlen religiöser Suchbewegungen. Eine „Gegenkirche" sei nicht in Sicht. Wölbers enttäuschtes Fazit: der „religiöse Eros scheint unterdrückt". Die Studie mit dem exakten Titel „Religion ohne Entscheidung. Volkskirche am Beispiel der jungen Generation" wurde in den 50er Jahren im Auftrag der Evangelischen Kirche in Deutschland durchgeführt. Erstmals vertrauten die Kirchenleitungen damals nicht mehr allein auf die Kraft des Wortes, auf den Anruf durch den Glauben, sondern zogen soziologische Methoden zu Rate, um sich über die Situation des christlichen Bekenntnisses in der modernen Welt Orientierung zu verschaffen.

Obwohl die einseitige theologische Defizitdiagnose früh Kritik stieß, sind Wölbers Verdienste unbestritten. Sein breiter Religionsbegriff - er folgte dabei der Hypothese „es gibt nichts, was außerhalb von Religion ist" - ließ ihn unter anderem Fragen stellen zur Hilfe in Lebenskrisen, zum Verhältnis zu den Eltern, zu besinnlicher Lektüre, zur säkularen Bedeutung von Weihnachten oder zu anderen Interessen und Freizeit.

Wölber setzte sich auch als einer der ersten über die vor allem protestantische Skepsis hinweg,die das „Wunder des Glaubens", die Beziehung des einzelnen zu Gott als grundsätzlich nicht soziologisch beschreibbar ansah.

Bisher hieß es nämlich stets: Gott sei es, der den Glauben schenke - oder verweigere. Und Gottes Handeln entziehe sich jeglicher Bestimmbarkeit durch den Menschen. Dementsprechend groß war Wölbers eigenes Erstaunen, als seine Daten die „überindividuelle Bedingtheit und Gesetzmäßigkeit des religiösen Bewusstseins" belegten. Nicht als individuelle und existentielle Entscheidung war der christliche Glaube demnach zu interpretieren. Ob jemand glaubt oder nicht glaubt, ließ sich vielmehr eindeutig als Ergebnis bestimmter sozialer Rahmenbedingungen beschreiben. „Die Wirklichkeit macht diesen revolutionären Einwand gegen die Theorie vom Glauben als einer unbedingt eigenen und umfassenden Gewissensentscheidung", notierte Wölber nicht ohne Irritation. Inwieweit aber gilt die von Wölber formulierte Situationsbeschreibung heute noch? Im Abstand von über 40 Jahren hat sich die Situation hinsichtlich der Abwendung von den großen Kirchen kaum verändert, eher sogar verschärft hat. So verringerte sich der Anteil der Katholiken, der regelmäßig oder zumindest häufiger den Gottesdienst besucht, in den vergangenen 20 Jahren von 40 auf 28 Prozent. Von den Protestanten besuchen gerade noch acht Prozent häufiger einen Gottesdienst. Die Zahlen für Jugendliche zeigen hier noch viel schärfere Erosions-erscheinungen bezüglich der traditionellen christlichen Institutionen. Gottesdienste werden nach den Daten der 13. Shell-Jugendstudie vom Jahr 2000 - bezogen auf die letzten vier Wochen - von 83% der Jugendlichen gänzlich gemieden. Kirchliches Engagement ist nur noch in kleinen Randgruppen zu finden. Die Konfirmation etwa gleicht mehr und mehr einer Feier zum „Ausstand aus der Kirche". Auch wenn sich die jüngste Kirchenaustrittswelle im Gefolge des Solidarzuschlags gegen Ende der 90-er Jahre etwas abgeflacht hat, so ist doch längst kein Ende des Ausblutens der Amtskirchen absehbar. Es gibt vielmehr Anzeichen, dass auch die katholische Kirche, die traditionell weniger Austritts-anfällig war, beispielsweise infolge der Diskussionen um die Schwangerschafts-konfliktberatung deutlich höhere Austrittszahlen wird verkraften müssen.

Dabei sind die Zeiten, in denen man sich noch an kirchlichen Amtsträgern rieb und sich mit seiner Kirche kritisch auseinandersetzte, längst vorbei. Wie bereits Wölber konstatierte, handelt es sich eher um ein schleichendes „Verdunsten des Christentums". In der heutigen Bundesrepublik sind nur noch knapp 70 Prozent Mitglied einer christlichen Konfession: Prozent sind evangelisch, Prozent katholisch, und es wird nicht mehr lange dauern, bis die Konfessionslosen und Andersgläubigen, die derzeit bei Prozent liegen, die größte Gruppe stellen werden.

1.6 Ein christlicher Ausblick

Als Christen binden wir uns an eine bestimmte Tradition, die christliche. Es ist eine Tradition, die deformierend, patriarchal und unterdrückend wirksam war. Es ist aber auch eine Tradition mit befreienden Aspekten, eine gegenüber der Religion und ihrer institutionalisierten Gestalt selbst kritische Tradition.

Jesus hat die Gesetzesreligion, die zu seiner Zeit gegolten hat, in Frage gestellt. Der Versuch, durch Handeln und Streben einem Ideal gerecht zu werden, wurde von ihm als heilloser Weg bloßgestellt. In der Begegnung mit ihm vermittelte sich vielen die Erfahrung, dass uns das Wesentliche geschenkt wird, bevor wir etwas tun können. Trotz unserer Schwäche, trotz des Bösen in uns, trotz Brüchigkeit und Fragwürdigkeit unseres Lebens können wir überraschend ergriffen werden von einem Frieden, der höher ist als alle Vernunft, von einem Geist, der uns mit Leben erfüllt, von einer Weisheit, die uns verbindet mit anderen Menschen, mit Natur und Kosmos. Sie ist uns scheinbar nicht immer verfügbar. Aber sie ist da. Sie kann nicht abschließend definiert werden. Aber wir können sie benennen, von ihr erzählen, uns über sie austauschen.

Wir können uns kritisch darüber austauschen, wer sie ist, ob sie heilig ist oder ob sie Unheil bringt, ob sie bedrückt oder befreit. So lernen wir, das Heilige vom Unheilvollen zu unterscheiden.

In Jesus hat das Heilige ein „Gesicht", eine „Gestalt", ein spürbares, erlebbares Gegenüber bekommen. Und eine Geschichte. Daran können wir teilnehmen. Die Gnade, die Jesus verkörpert hat, ist da. Die „Ruach" ist nicht an bestimmte Orte und Zeiten gefesselt. Sie kann uns finden, wenn wir uns ihr öffnen. Sie zeigt sich manchmal ganz anders, als wir denken. Oft im Alltäglichen, profanen, nicht wenn wir ihn erwarten, in ganz besonders „heiligen Momenten".

Das hebräische Wort „Ruach" - **rûaḥ** (רוּחַ) kommt im Tanach 378 mal vor. An bestimmten Stellen wird das Wort mit „Geist" übersetzt. Die Grundbedeutung von *rûaḥ* ist „Wind" und „Atem". In griechischen Übersetzungen des Tanach ist die Übersetzung als „Pneuma" zu finden, ebenso im Neuen Testament.

Ich kann mich selbst fragen:

Wie kann ich mein Leben verantwortungsvoll zu Wohle aller gestalten?
Was bin ich bereit zu tun, um das Leben aller Menschen und aller Mitgeschöpfe zu verbessern?
Was kann ich für die Welt tun?
Was kann ich aktiv zur Gemeinschaft, zur Gesellschaft beitragen? Wo bedarf es der Auseinandersetzung?
Wo kann ich Gnade schenken oder gnädig mit mir selbst sein?
Wo kann ich jemanden oder mich Entschuldigen?
Wie kann ich mich und andere erlösen, befreien?
Wie kann ich vorurteilsfrei, ohne einem anderen meine Meinung aufzuzwingen kommunizieren?
Wann bin ich über griffig vor Enthusiasmus, Egoismus mit anderen? Kann ich allein durch Vertrauen und Annahme der Situation, das richtige tun?
Kommt das „Richtige" zur richtigen Zeit?
Bin ich im Alltag geleitet durch bewusstes, aktives Handeln?
Handel ich durch empathisches Mitgefühl?
Bin ich barmherzig mit mir und anderen?

Ich kann jeden Tag meinen Teil zum Ganzen beitragen, durch meine Gedanken, meine Gefühle, meine Worte, meine Taten, durch meine Verantwortung kann ich zum Übel oder zum Wohle aller beitragen. Dessen sollte ich mir bewusst sein. Die Freiheit dazu habe ich jede Minute, etwas zu tun oder etwas zu lassen.

Ein Weg ist für mich konkret im Alltag die Frage nach meiner eigenen Barmherzigkeit zu stellen: Was tue ich für andere? Wer ist mein Bruder, wer meine Schwester? Wer ist mein „Nächster" sind das nur Menschen, oder umfasst „mein Nächster", der „geringste unter meinen Brüdern" jedes Geschöpf? Wenn ja, welche Konsequenzen ergeben sich für mich daraus?

Wasbin ich bereit zu geben, zu verschenken, zu opfern?

1.7 Scheitern und Loslassen

Was hat mich bewogen, über das Thema „Das Heilige" zu schreiben und mich auseinander zu setzen? Ich habe in meinem Leben Immer wieder Erfahrungen gemacht, in denen ich Gedanken und Gefühle von Zweifeln, Loslassen, Scheitern, Verlust und Tod selbst hautnah erlebt habe. Diese Erfahrungen wurden wir in den letzten 5 Jahren bewusst, während meines Diakonstudiums. Erst durch ein Zulassen, Aushalten und Annehmen von Gefühlen wie, Ohnmacht, Scham, Trauer, Wut, Hilflosigkeit bei mir und bei anderen, passiert etwas, was die Situation verändern kann. Ich konnte und musste erfahren, wie es Momente der Opferung, des Scheiterns, des Loslassens gab, und auch der Annahme, der Verwandlung, der Überwindung. Kairos-Momente, Momente der Wandlung, wenn Gedanken, Vorstellungen und Worte nicht mehr helfen. Durch diese konkreten Erfahrungen von Not, Tod und Sterben und anderen Grenzerfahrungen habe ich das Gefühl, ich stehe sicher, kann vieles aushalten, einfach da sein und bin so vielleicht ein Teil, das hilfreich andere in solchen Prozesses begleiten kann.

Kairós ist in der griechischen Mythologie der Gott des „rechten Augenblicks", des „passenden Momentes". Während *chronos* die fließende Zeit repräsentiert, die ohne den Menschen vergeht, steht *kairós* für das, was sich plötzlich ereignet. Kairós bezeichnet auch den Augenblick, in dem der Mensch aktiv gestaltend eingreifen kann. Der passende Moment um zu entscheiden, zu handeln, aktiv zu werden – kairós. Die Gelegenheit beim Schopfe packen. Lysippos hat Kairós als Jüngling dargestellt, der vorne am Kopf eine dicke Haarsträhne hat, hinten aber kahl ist. Man bekommt ihn nicht mehr zu fassen, wenn er vorbei gegangen ist. Daher kennen wir die Redewendung: die Gelegenheit beim Schopfe packen.

1.8 Demut

Im Erleben der vielen zum existenziellen Begegnungen
mit den verschiedenen Menschen in Not, fiel mir auf,
dass es an den Grenzen des Lebens. Der Rückblick auf
das eigene Leben, die eigenen Verluste, Bilanz ziehen,
geschieht meist in Träumen, im Halbschlaf oder im
monologhaften Gespräch. Einige machen diesen
Rückblick in der Stille, ganz für sich allein - anderen
wiederum hilft die stille Anteilnahme eines anderen. Im
Begleitenden kann der Trauernde Raum finden, sich
selbst, seinem Leben, seinen Erinnerungen zu
begegnen.
Im und am Gegenüber kann es oft leichter geschehen,
dass für den opfernden, loslassenden Menschen
Ordnungen, Zusammenhänge und Sinnhaftigkeit
erkennbar werden, dass Ereignisse sich zueinander
fügen und z. B. Versäumnisse, Scheitern, Schuldhaftes in
einem anderen Sinnzusammenhang angenommen
werden können.

Wie sieht ein Demütiger aus?

Im Mittelalter gab es den frommen jüdischen Gelehrten
Mose ben Nachman, der sagte: „Einen Demütigen
erkennt man an seinem Verhalten, an seinem Äußeren.
Ein Demütiger spricht mit Gelassenheit und hat seinen
Kopf stets geneigt. Ein Demütiger hat seine Augen
niedergeschlagen, doch sein Herz wendet er ganz nach
oben. Er vergilt nicht Böses mit Bösem und erträgt willig
den Spott anderer."
Kurz nach Verfassung dieser Worte brachen fanatisierte
Kreuzfahrer auf nach Jerusalem, um das „Heilige Land
von den Moslems zu befreien". Ihr Kreuzzug begann
allerdings schon hier mit der Jagd auf jüdische
Bewohner, die im Schatten der deutschen Dome lebten.
Es kam zu Pogromen. Viele Juden haben dann

tatsächlich oft „demütig" reagiert, haben sich wehrlos schlagen und umbringen lassen mit niedergeschlagenen Augen und stillem Leiden. Hat Mose ben Nachman das so gemeint? Hat Gott das gemeint, wenn er im Propheten Micha sagt: „Es ist dir gesagt, Mensch, was gut ist und was der Herr von dir fordert, nämlich Gottes Wort halten und Liebe üben und demütig sein vor deinem Gott"(Mi 6, 8) Heißt demütig sein, dass man sich nicht wehren darf, dass man eigentlich im Grunde keinen eigenen Wert beanspruchen darf?

Heißt Demut: Den Schwanz einziehen, zu allem schweigen, dass man sozusagen nur „heimlich" auf der Welt sein darf? Ich kenne Menschen mit einer demütig gebückten Haltung und einem stets süßlichen Lächeln nach dem Motto: „In meiner Demut lasse ich mich von niemandem überbieten!" Menschen, bei denen man den Eindruck hat: Obwohl die Haltung demütig wirkt, ist das Herz nicht bei Gott, sondern nur bei sich selber und bei dem Gedanken: „Bin ich auch demütig genug, dass ich in den Himmel komme?"

Luther meint dazu: „Wahre Demut vergisst ganz, dass sie demütig ist!" Biblisch gesehen ist Demut keine bestimmte Körperhaltung, sondern eine Herzenshaltung, etwas, das unseren natürlichen Augen entzogen ist. Klar für Gewaltlosigkeit eintreten, ist in Zeiten vom Verlust des Mitgefühls schwer zu disskutieren.

Die kirchliche Hochachtung der Demut

Für die Mütter und Väter des Glaubens ist die Haltung der Demut die Grundhaltung christlicher Frömmigkeit. Origenes sieht im 2. Jahrhundert n. Chr. die Welt in einem Gegenüber von Licht und Dunkel. Auf der dunklen Seite regiert die Hochmut. Sie ist die Wurzel aller Sünde. Auf der Lichtseite herrscht die Demut. Sie ist die Wurzel aller Tugend. Für ihn kommen alle guten Werke aus dieser Grundhaltung des Herzens. Das demütige Herz ist gleichsam das fruchtbare Ackerfeld, auf dem alle guten

Pflanzen des Glaubens gedeihen. Auch Kirchenvater Augustin befasst sich im 5. Jahrhundert intensiv mit dem Thema Demut. Für ihn kämpfen Stolz und Demut ein Leben lang miteinander.

Johannes Chrysostomus sagt: „Demut ist die Mutter aller Tugenden, die Elementartugend, aus der alles Gute hervorwächst." Geiler von Kaisersberg, ein berühmter Straßburger Prediger im 15. Jahrhundert, der mit bildhaften Predigten wahre Menschenmassen angezogen hat, bindet Demut und Glaube eng zusammen. Gemeinsam ergeben sie für ihn das „Fundament des christlichen Lebens". Demut ist sozusagen „das Loch", der ausgehobene Keller, und Glaube, das sind die Grundsteine, die nun in diesen Keller hineingelegt werden und auf denen der ganze Bau des Hauses steht. „Demut üben" heißt also: nach unten gehen, zu Boden gehen, ein Loch graben, damit Glaube, Liebe, Hoffnung in uns wohnen können.

Hier klingen mönchische Gedanken an.Cassianus, einer der Väter des Mönchtums, sagt: „Dämonen werden durch nichts anderes besiegt als durch Demut!" In asketischen Klöstern kann man deswegen hören: „Erst wenn wir den Leib abtöten und keusch leben, wenn wir Buße tun und die eigenen Bedürfnisse in uns töten, hat Gott Raum, dass er ganz in uns wohnen kann." Aber ist das biblisch? Geht es bei der Demut um die Selbstauslöschung des Ich? Demut und die Germanen – oder: was den natürlichen vom geistlichen Menschen unterscheidet! Demut war für unsere germanischen Vorfahren etwas Wesensfremdes. Der Begriff „Demut" kam in ihrem Wortschatz nicht vor. Ihre Lieblingsgeschichte in den Evangelien war die Stelle, als Petrus bei der Gefangennahme Jesu dem Knecht des Hohenpriesters ein Ohrläppchen abgeschlagen hat.

Diesen Gefühlsausbruch, dieses Kämpfen mit dem Schwert für die Gerechtigkeit konnten sie nachvollziehen. Das, was Jesus dagegen brachte, Liebe und Verzeihen, war unseren Vorfahren zunächst einmal völlig fremd. Da prallten natürlicher und geistlicher Mensch aufeinander, und dazwischen lag die Demut.

Friedrich Nietzsche hat geschrieben, das Christentum habe den Germanen ihren „natürlichen Selbstbehauptungstrieb"genommen und sie zu Knechten und Sklaven gemacht. Demut sei – so Nietzsche – ein „Sklavengeist", etwas, das den Menschen ihre Freiheit, ihren „gesunden Kämpfergeist" nehme.

Heute würde er vielleicht formulieren: „Demut macht die Menschen zu Memmen!"Als die iro-schottischen Mönche kamen, um den Deutschen das Evangelium zu bringen, kannten sie bereits das lateinische Wort „humilitas" (Niedrigkeit, Kleinheit). „Humus" steckt da drin: der Erdboden. Eine menschliche Eigenschaft also, die damit zu tun hat, zu Boden zu gehen. Wir denken an biblische Sätze, in denen sich Menschen vor Gott wie Abraham „in Staub und Asche werfen" (1. Mose 18, 27) oder sich im Angesicht des Allmächtigen als „ein Wurm" empfinden (Psalm 22, 6).

Demütige sind also „Kellerkinder", die nahe am Boden leben – gleichsam „im Loch" könnte man annehmen. Dafür steht die Bezeichnung „Humilitas". Aber wie sollte man das nun in die Sprache der kämpferischen Germanen übersetzen? „Diomuti" schien das Wort zu sein, das wie ein Schlüssel erklärt, welches die Grundhaltung des Christen vor Gott sein soll. „Diomuti" ist althochdeutsch und steht im Gegensatz zum lateinischen „lucrum" (Gewinn, Lohn).

Der „Diomuti" ist einer, der ohne Lohngedanken seinen Dienst tut und in völliger Loyalität. Einer, der immer und überall von der Weisung seines Herrn und in völligem Gehorsam lebt. Aber entscheidend ist das eine:

Der „Diomuti" ist kein Sklave, kein von vornherein Abhängiger! Er tut seinen Dienst freiwillig. Er tritt aus eigener Entscheidung in den Dienst seines Herrn. Erkennt und anerkennt die Macht und Stärke seines Herrn. Dieses Wort Demut, das sich von dem „Diomuti" her entwickelt, bedeutet also nicht: gehorchen, weil man muss, weil man Sklave ist – wie Nietzsche meint –, sondern: gehorchen aus Weisheit heraus, weil man den wahren Herrn erkannt hat. Entspricht das nicht auch dem biblischen Zeugnis?

Demut im Alten Testament
Zunächst ist Demut im Alten Testament tatsächlich – wie der jüdische Rabbi Mose ben Nachman beschreibt – eine gewisse Haltung. Das zugrunde liegende hebräische Wort „'nh"(ana) heißt so viel wie: „sich ducken, sich beugen". Wenn z.B. irgendwo ein großer Löwe auftaucht und man sofort erkennt, wer hier der Stärkere ist, dann bleibt nur noch eines: sich ducken und in Deckung gehen. Es ist also durchaus eine bestimmte Haltung, die als Bild hinter diesem Wort steckt, gemeint aber ist die Herzenshaltung. Des Weiteren: Demut wird im Alten Testament noch nicht über Gott ausgesagt.
Gott ist der Souverän. Er ist nicht der, der sich duckt, beugt oder vor irgendjemandem in Deckung gehen muss. Dies ist allein die Haltung, die dem Menschen zukommt, und es ist die einzige Haltung, die Gott gegenüber korrekt ist: „Suchet den Herrn, alle ihr Elenden im Lande, die ihr seine Rechte haltet! Suchet Gerechtigkeit, suchet Demut! Vielleicht könnt ihr euch bergen am Tage des Zorns des Herrns" (Zefanja 2, 3). Mit jedem Wort drückt dieser Satz aus: Gott ist größer und stärker als jeder Löwe. Der einzige Weg, vor ihm zu bestehen, ist die Demut. In Sprüche 15, 33 heißt es: „Die Furcht des Herrn ist Zucht, die zur Weisheit führt und ehe man zu Ehren kommt, muss man Demut lernen." In diesem Vers ist beides drin:Einerseits gehört es zur Furcht des Herrn, dass man

Demut lernen muss und dass es die einzige Haltung ist, wie man vor dem großen Gott existieren kann. Dies zu erkennen, hat etwas mit Weisheit zu tun, mit Klugheit. Wer klug ist, der geht vor Gott in die Knie, weil er erkennt, dass es einen himmelweiten Unterschied zwischen Schöpfer und Geschöpf gibt. Doch es gilt auch das andere: Wer vor Gott demütig handelt, wird zu Ehren kommen. Eine demütige Haltung hat positive Folgen für den Menschen – genauso wie der Hochmut negative Konsequenzen bringt.

Sprüche 18,12 spitzt es zu: „Wenn einer zugrunde gehen soll, wird sein Herz zuvor stolz; und ehe man zu Ehren kommt, muss man demütig werden."

Manchmal kommt die Demütigung auch von außen, von Gott her, wenn z.B. Krankheit oder ein anderes Schicksal hereinbricht. Auch das Babylonische Exil wird als Demütigung angesehen. Der Mensch wird dabei klein und arm, aber – es ist wie bei einem Hund, der sich auf den Rücken legt: Spätestens jetzt ist der Kampf aus. Wer auf dem Rücken liegt, wird nicht auch noch zertreten werden! Auch der Arme, der Kleine, der Geringe hat ein eigenes Recht und eine eigene Würde. „Er soll dem Elenden im Volk Recht schaffen und den Armen helfen und die Bedränger zermalmen" (Psalm 72,4).

Wer keinen eigenen Stand mehr hat, wird von Gott aufgerichtet und zu Ehren gebracht. In 5.Mose 8,2ff. heißt es: „Und gedenke des ganzen Weges, den dich der Herr, dein Gott, geleitet hat diese vierzig Jahre in der Wüste, auf dass er dich demütigte und versuchte, damit kund würde, was in deinem Herzen wäre, ob du seine Gebote halten würdest oder nicht. Er demütigte dich und ließ dich hungern und speiste dich mit Manna, das du und deine Väter nie gekannt hatten, auf dass er dir kundtäte, dass der Mensch nicht lebt vom Brot allein, sondern von allem, was aus dem Mund des Herrn geht."

Die Wüste – ein Ort der Demütigung, aber auch ein Ort der Erziehung und Erkenntnis, dass Gott die Kleinenund

Schwachen nicht vernichtet, sondern versorgt und führt. Wenn Friedrich Nietzsche in der Demut eine Sklavenmoral sieht, so finden wir im Alten Testament etwas ganz anderes: Es ist nicht die Haltung eines Sklaven. Nein, es ist die Haltung eines Weisen, der klugerweise erkennt: Gott ist der Schöpfer, vordem sich Demut gehört. Demut ist die Haltung der aus der Knechtschaft Befreiten, die nun in der Beziehung mit dem lebendigen Gott leben, freiwillig und gern.

Mose als Beispiel eines demütigen Menschen
Im Alten Testament wird uns Mose als Beispiel des demütigen Menschen schlechthin gezeigt: „Mose war ein sehr demütiger Mensch, mehr als alle Menschen auf Erden" (4. Mose 12, 3). Er war eine starke Führerpersönlichkeit, keiner mit geneigtem Kopf und gesenkten Augen. Er konnte durchaus zornig werden. Am äußerlichen Verhalten war seine Demut sicher nicht immer zu erkennen, aber er war ein Geretteter aus Gnaden. „Mose" heißt: aus dem Wasser herausgezogen! Über den hebräischenKnaben hing der Tötungsbeschluss des Pharaos, doch Mose hat überlebt. Er war ein Geretteter, ein Begnadigter, und er hat darauf mit Gehorsam reagiert. Er lebte aus der Begegnung mit dem lebendigen Gott, aus dem Hören auf sein Wort. Moses Herz, so engagiert, so verzagt, so trotzig es manchmal auch gewesen sein mag, es war beim Herrn! Das ist die rechte Demut.

Demut im Neuen Testament
Das griechische Wort für Demut ist „tapeinos". Im allgemein-griechischen Sprachgebrauch hatte dieses Wort zunächst eine eher negative Bedeutung im Sinne von etwas „Sklavischem" – wie bei Nietzsche. Der antike Grieche wollte anders sein, nicht „tapeinos"! Vielmehr aufrecht, frei und selbstbestimmt. Ganz anders im Neuen Testament: Durchgehend begegnet der Begriff „tapeinos"

in einem positiven Zusammenhang. Er bedeutet: Nächstenliebe und Selbstvergessenheit. „Gott stößt die Gewaltigen vom Thron und erhebt die Niedrigen" (Lukas 1, 52).

Demut gilt als etwas Vorbildhaftes

Beim Rangstreit der Jünger stellt Jesus ein Kind in die Mitte und sagt: „Wer nun sich selbst erniedrigt und wird wie dieses Kind, der ist der Größte im Himmelreich" (Matthäus 18,4) Und dann das Neue des Neuen Testamentes: Im Alten Testament ist immer der Mensch demütig, von Gottes Demut wird dort nicht geredet. Im Neuen Bund dagegen offenbart sich Gott selbst als der Demütige schlechthin. Er ist der, der in Jesus Christus sich zu den Menschen beugt, nach unten geht, am Kreuz zu Boden geht, sich duckt. Beispielhaft in der Geschichte von der Fußwaschung der Jünger (Johannes 13). Jesus tut hier, was im gehobenen Haushalt die Aufgabe des untersten Sklaven war: das Waschen der Füße von Besuchern „Der Menschensohn ist nicht gekommen, dass er sich dienen lasse, sondern dass er diene und gebe sein Leben zu einer Erlösung für viele" (Matthäus 20,28). Kein Gott, der sich bedienen lassen will, sondern einer, der uns dient, auf dass wir das Leben haben. Seine Hingabe ist gleichsam der Wurzelboden, das Fundament, auf dem auch unsere Liebe wächst. Die Geschichte von der Fußwaschung schließt ab mit dem Auftrag an die Jünger: „Ein Beispiel habe ich euch gegeben, damit ihr tut, wie ich euch getan habe" (Johannes 13,15).

Aus dem Sacramentum wird ein Exemplum, aus dem Urbild das Vorbild: Jesus dient uns, auf dass wir einander dienen. Dieselbe Bewegung begegnet im Philipper-Hymnus (Philipper 2,5-11). Darin wird der Selbstverzicht Gottes in Jesus Christus beschrieben. Er verzichtet auf seine göttliche Gestalt, damit er uns Menschen nahe sein kann. Und auch hier der Auftrag: „Seid so untereinander gesinnt, wie es auch der Gemeinschaft in Jesus Christus entspricht. Tut nichts aus Eigennutz oder um eitler Ehre willen, sondern in Demut achte einer den andern höher als sich selbst, und ein jeder sehe nicht auf das Seine, sondern auf das, was dem andern dient" (Philipper 2,2ff). Jesus gibt sein Gottsein nicht auf, aber er verzichtet darauf, es vor den Menschen Gestalt werden zu lassen, weil diese unbändige Kraft wie der Löwe den Menschen erschrecken würde. Gott möchte nicht unsere Angst, sondern unsere Liebe – die Liebe der Freien.

Paulus als Beispiel eines demütigen Menschen
Paulus sagt: „Alles ist erlaubt, aber nicht alles baut auf. Niemand suche das Seine, sondern was dem anderen dient" (1. Korinther 9,23). Paulus zeigt uns die klare Haltung des freien Menschen. In Christus sind wir befreit von Tod, Teufel, Sünde und Hölle. Aber als Freie in der Bindung an Christus werden wir zu Dienern der Menschen, werden „Jesus Christus gleich gestaltet" (Philipper 3,21) – auch in seiner Demut. Auch Paulus war keine „Memme", sondern eine starke Persönlichkeit. Seine Demut war ein Stück tapferes Aufrechtgehen.

Luther und die Demut
Für mittelalterliche Mönche war das Erwerben der Demut eine lebenslange Aufgabe: tägliche Buße, Selbst-kasteiung bis hin zur Selbstauslöschung. Luther ist an dieser Aufgabe bei aller Anstrengung und Ernsthaftigkeit gescheitert. Sein Gewissen hat in der eigenen „Werkerei" keine Ruhe gefunden. Erst bei Christus entdeckt er Frieden und den Grund, auf dem sein Glaube sicher steht. In einem Bild formuliert er es so: „Demut ist das Zurückschlupfen des Kükens unter die Flügel der Henn." Darin spiegelt sich nicht ein Verhältnis des Sklaven zum Herrn, sondern die Beziehung einer Mutter zu ihrem Kind. Darin finden sich höchste Freiheit und gleichzeitig höchste Geborgenheit.

Am Vorabend seines Todes schreibt Luther mit verlöschender Kraft einen Brief an seine Ehefrau. Im letzten Satz steht ein Wort tiefster Demut: „Wir sind Bettler, das ist wahr!"

Demut ist Mut zum Dienen. Demut ist also etwas anderes als das, was man sich gemeinhin darunter vorstellt: nicht dieses Geduckte, Memmenhafte, nicht der Sklavengeist, den Nietzsche den Christen vorwirft. Wir müssen uns als Christen kein bestimmtes Aussehen angewöhnen, an dem man unsere Demut ablesen kann. Es ist die Herzenshaltung, die in der Liebe zur Tat wird.

Demut ist nicht ein Selbstverzicht, bei dem man dauernd seine Opfer beklagt – ähnlich dem älteren Bruder im Gleichnis vom verlorenen Sohn. Dieser war zwar äußerlich brav und demütig, aber sein Herz war nicht wirklich beim Vater. Demut ist vielmehr die Haltung des Vaters, der sich selbst ganz vergisst, weil er die Not seines Sohnes sieht. Er beugt sich hinunter zu ihm und richtet ihn auf und vergisst dabei völlig, dass er demütig ist.

1.9 Stille und Meditation

Ist die Meditation mit der Stille verbunden? Das kann ich mit einem klaren Jein beantworten. Wir leben in einer Welt, in der es eine große Wohltat ist, die Stille zu erleben; und sie gibt es immer seltener. Es könnte sein, dass Stille eine Ressource wird, die noch wertvoller ist, als sauberes Wasser, oder noch seltener. Unsere Seele braucht die Stille. Eckart Tolle sagt »Die Stille ist die Muttersprache Gottes«.

In der Stille können wir die Essenz von dem erfahren, was unsere Gedanken mit Worten und Begriffen nicht mehr begreifen können. Und wenn ich meditiere, merke ich, dass ich Teil dieser Essenz bin. Dass es etwas in mir gibt, was unergründlich, unzerstörbar, unverletzbar, groß, weit, offen, friedvoll und frei ist. Das ist das Ja dieser Antwort.

Das Nein dieser Antwort ist: Ich kann meditieren im Bus, im Zug, wenn ich zur Arbeit fahre, und höre die Schienen quietschen und die Menschen sprechen, und ich gehe in meinen Atem oder ich visualisiere ein Licht. Ich komme mit meiner Aufmerksamkeit nach innen zu mir, und dann beginne ich die Stille hinter den Geräuschen zu hören. Ich beginne diese Essenz zu schmecken, die hinter der lärmenden Welt ist, in der lärmenden Welt. Ich brauche mich in dem Sinne gar nicht von der lärmenden Welt trennen. Ich richte einfach meine Aufmerksamkeit nach innen zu mir und halte Einkehr bei mir selbst. Diese Einkehr bei mir selbst ist vollkommen unabhängig von dem Geräuschpegel, der außen um mich herum ist, bis hin an den Punkt, wo ich die Stille hinter der Stille höre, spüre und eins werde mit ihr. Wir neigen dazu, uns ablenken zu lassen und mit unserer Aufmerksamkeit größtenteils im außen zu hängen.

Die Gehirnforschung beschreibt, dass wir alle drei Sekunden ungefähr einen Gedanken haben, und zu 98 Prozent ungefähr die gleichen Gedanken am Tag. Ein mahlendes Mühlwerk, ein Räderwerk von Gedanken, was unser Bewusstsein im Alltag erfüllt. Deswegen ist es ein gutes Fahrzeug und Hilfsmittel, wen ich mir meinen Atem nehme, um meine Gedanken darauf zu fokussieren – und dann passiert etwas mit mir. In der Meditation gehe ich ganz praktisch in die Übung mit meiner Bewusstheit und meinem Aufmerksamkeitsfokus. Ich manipuliere meinen Atem nicht, sondern ich bleibe nur wacher Beobachter, der mit meiner Aufmerksamkeit meinen Atem begleitet.

Die Erfahrung zeigt mir, dass ich dann irgendwann vollständig damit verschmelzen kann, wo die Trennung zwischen dem Subjekt „Linus", der atmet" und „Linus, der beobachtet" verschwindet. Das heißt, derjenige, der den Atem bewusst wahrnimmt, ist der Gleiche, wie der, der atmet. Das ist ein Zustand, der mit Übung erreichbar ist.

Das Erste, was ich in der Meditation erfahren habe war, dass alles, was auftritt, auch wieder endet, und das gilt insbesondere für die Achtsamkeit. Das Zweite, was ich gelernt habe, dass man eigentlich gar keine Kontrolle über den eigenen Geist hat. Die meisten Leute denken, das Denken zum Beispiel wäre etwas Vorsetzliches oder Kontrolliertes.

Das Erste, was ich beim Anfang des Meditierens gelernt habe, ist, dass die allermeisten Formen des Denkens etwas sind, was einem passiert. Wie die Peristaltik, wie die Darmbewegungen, dass es in einem denkt. Gottfried Benn hat gesagt: »Da unten bildert es«, das heißt, da läuft ein ständiger Strom von Assoziationen ab. Die aktuelle Hirnforschung nennt diesen Grundzustand den „default mode".

Unser Gehirn wird sehr aktiv, wenn es nichts zu tun gibt und keine Aufgabe zu lösen hat, meistens indem es nächste Prioritäten plant, Tasks sortiert, die nächsten Aufgaben, aber auch, indem es sich von unangenehmen Körpergefühlen ablenkt, durch angenehme Phantasien, sexuelle Fantasien, aber auch aggressive Fantasien.

Wenn ich da hinschaue, lerne ich, dass mir selbst ständig sehr viel „passiert", dass ich oft gar nicht mitbekomme, dass da etwas passiert, was ich nicht kontrollieren kann, dass das, was da passiert, mich aber ganz oft dazu bringt, sofort zu handeln.

Meditation kann man systematisieren unterteilen in

1. objektgebundene Formen, bei denen man mit der Aufmerksamkeit immer wieder zu einem Objekt zurückgeht, z. B.:
2. zum eigenen Atem (Mund, Luftröhre, Lunge, Bauch)
3. zum Klang eines selbstgedachten Mantras, das sie langsam verschwinden lassen in der Stille (eigene Stimme, Worte)
4. zu Körperempfindungen, Senkrechte, Knie, Beine, Füße,
5. zu Kontaktempfindungen der Haut, es gibt aber auch
6. »open monitoring«, einfach ein nicht zentriertes Gewahrsein, ein sich Zuwenden zu dem Moment als Ganzem.

Meditationsarten:

Passive Meditationen

Bei diesen Meditationen geht es in erster Linie darum, den Geist ruhig und leer werden zu lassen und dabei trotzdem präsent im Augenblick zu sein. Dies geschieht meist im regungslosen Sitzen in Stille (z.B. Zazen).Eine andere Möglichkeit ist, die Aufmerksamkeit und Achtsamkeit für die geistigen, emotionalen und körperlichen Phänomene im gegenwärtigen Augenblick aufzubringen, ohne diese zu bewerten oder verändern zu wollen. Hier steht die Qualität der Aufmerksamkeit, die wir jedem Moment entgegenbringen im Vordergrund (z.B. Body Scan, Vipassana). In anderen Meditationen wird die Konzentration auf einen bestimmten Gedanken, ein Mantra, eine Kerze oder auf einen Punkt auf der Wand vor uns gelenkt. Dieses Fokussieren führt zu einem tiefen Beruhigen des Geistes.

Aktive Meditationen

Hier wird meist der Fokus auf das Außen gerichtet – auf die Musik, eine bestimmte Bewegungsabfolge, Tanzen, bewusstes Gehen, spezielle Atemtechniken, Ausdruck der Körperempfindungen und ähnliches. Dadurch ist der Verstand so beschäftigt, dass so gut wie keine anderen Gedanken Platz haben. Weitere Meditationen gibt es z.B.: Gehmeditation nach Thich Nhat Hanh, AUM-Meditation, Meditationen von Osho – Dynamische, Kundalini, Nataraj, No Dimensions, Chakra Breathing, Whirling, Chakra Sounds, Nadabrahma. Den Abschluss von aktiven Meditationen bildet meist eine Phase von Sitzen oder Liegen in Stille. Der Verstand ist dann schon zur Ruhe gekommen und kann weiterhin loslassen.

Fantasiereisen

In Fantasiereisen wird ein leichter bis mittlerer Entspannungszustand erreicht und der Verstand wird auf eine Reise – z.B. ein Palmenstrand – geführt. Fantasiereisen sind sehr gut mit Klangschalen kombinierbar. Eine wunderbare Methode, um vom stressigen Alltag abzuschalten und zu träumen.

Geführte Meditation

Eine weitere Methode – die speziell im Mentaltraining häufig verwendet wird – ist die geführte Meditation. Eine Einleitung – ähnlich dem Autogenen Training – hilft dabei, einen mittleren bis tieferen Entspannungszustand zu erreichen. Nun werden bewusst positive Bilder oder bestimmte Situationen erzeugt. Die bildhafte Sprache, die auch Metapher verwendet, spricht das Unterbewusstsein an und unterstützt Veränderungsprozesse. Je nach Art der Bilder wird das Selbstvertrauen gestärkt, Altes verabschiedet und losgelassen, das gewünschte Ziel erreicht, die Selbstheilungskräfte gefördert und vieles mehr. Auf angenehme und entspannte Weise werden im Unterbewusstsein erste passende Schritte gesetzt und verankert. Auch Yoga, Qi Gong, Tai Chi, Autogenes Training und viele weitere Entspannungsmethoden zählen zur Meditation. Ebenso alle Tätigkeiten, die wir mit unserer ungeteilten Aufmerksamkeit und Bewusstheit ausführen. Selbst so einfache Handlungen wie Bügeln, Geschirr abwaschen, Gartenarbeit, Holz hacken, handwerkliche Tätigkeiten und vieles mehr können wir zur Meditation werden lassen.

Meditation im Sitzen (tibetischer Buddhismus)

1. Die Augen sind weder weit geöffnet noch geschlossen. Man blickt längs der Nase nach unten. Öffnen des Blickes, peripher, sich lösend von den Dingen, die vor einem sind.

2. Der Kopf neigt sich leicht nach vorn wie eine volle Ähre auf einem geraden Halm. Nase und Nabel befinden sich auf einer Linie.

3. Zähne und Lippen werden nicht aufeinander gepresst. Die Zungenspitze berührt leicht den Gaumen. Dadurch wird häufiges Schlucken verhindert. Kinn leicht nach unten und etwas zurück nehmen.

4. Die Schultern sind entspannt, gerade und auf gleicher Höhe.

5. Der Rücken ist gerade, der Körper wird nicht zu weit nach vorn oder hinten gebeugt. Die eigene Senkrechte immer wieder spüren und herstellen.

6. Die Hände ruhen ineinandergelegt mit den Handflächen nach oben im Schoß unterhalb des Nabels. Die Daumenspitzen berühren sich und bilden ein Dreieck. In den Schwerpunkt ein- und ausatmen (der physische Schwerpunkt liegt ca. 2-3 Finger unterhalb des Bauchnabels und ca. 3-4 Finger innerhalb des Bauches.).

7. Die Beine sind zur vollen oder halben Diamanthaltung gekreuzt. Bei der halben Diamanthaltung, die leichter einzunehmen ist, liegt der linke Fuß auf dem Boden unter dem rechten Bein und der rechte Fuß auf dem linken Oberschenkel. Sich schwer machen, verwurzeln, in den Boden versinken, oder ausfließen wie Wasser, hart und weich zugleich, unumstößlich still und auch beweglich.

Meditation im Gehen

Man geht auf und ab - was eigentlich an sich sinnlos ist -, aber es macht ganz klar, es ist nicht eine Meditation, wo wir irgendwo hingehen, um irgendetwas zu sehen oder zu holen oder zu schauen, sondern es ist einfach Gehen. In diesem Gehen bin ich wieder präsent, aufmerksam und sehe klarer und deutlicher und unmittelbar, was sich bei mir im Geist und im Herzen abspielt.
Die Geh-Meditation ist relevanter, alltagsnäher, als die Sitzmeditation. Wahrscheinlich verbringen wir im Alltag wenig Zeit, wenn wir beruflich tätig sind, mit Familie, indem wir still, unbeweglich dasitzen. Aber gehen tun wir viel, und wenn wir Gewahrsein, Achtsamkeit, Aufmerksamkeit, liebevolle Gelassenheit im formalen

Gehen üben, dann ist es auch eher möglich, sich im Alltag daran zu erinnern, wenn wir gehen, und dass dann auch dort wirklich zu integrieren, aktiv, bewusst zu tun und zu leben. Regelmäßiges Meditieren kann dazu verhelfen, tiefe Entscheidungs-Strukturen zu verbinden, mit wacher Wahrnehmung und achtsamen Aufmerksamkeit.

Die Gehirnforschung zeigt, dass regelmäßiges Meditieren die Gehirn-Regionen vergrößert, in denen das Aufmerksamkeitszentrum - im präfrontaler Kortex, also im Vorderhirn, im Stirnhirn - sitzt, und dass von da aus Verbindungen gebaut werden zur Amygdala, dem Entscheidungszentrum. Dieser Bau von neuen neuronalen Autobahnen im Gehirn, der passiert nicht zufällig, sondern der wird natürlich unterstützt durch regelmäßiges Üben.

Wenn ich meditiere, dann merke ich, ich meditiere nicht, um es morgens oder abends zu machen, sondern um auf der Arbeit oder in der Begegnung mit anderen Menschen, bei anderen Tätigkeiten, beim Spülmaschine-Ausräumen, achtsam sein zu können. Ich merke, dass ich eine neue bewusstere Lebensqualität ist, dass mein Leben freudvoller wird. Das heißt, die regelmäßige Übung der Meditation unterstützt mich da drin, eine neue Qualität von Intensität des Erlebens im Alltag zu gewinnen. Und dann ist der Alltag selbst die Übung. Wenn ich alles als Meditationspraxis verstehe und durchführe, nicht bloss meditiere, auf dem Boden, verändert sich mein Leben, mein Alltag, auf der Arbeit, zuhause, in der Küche, bei der Gartenarbeit. Auch zu mir selbst zurückkehren, in mir selbst verweilend. Vervollkommnung des eigenen Daseins und Verwirklichung eigener Würde kann spürbar werden. Da zu sein ist nicht mehr Methode, sondern kann Ausdruck werden. Ausdruck der Vollkommenheit in der eigenen Existenz.

In dem Maß, wie ich in der direkten Erfahrung sehe, spüre und verstehe, beginne ich zu erfassen, was mich ausmacht, was ich bin, was das Leben ist – dieser Prozess ist von ständiger Veränderung. Dieser Fluss des Daseins – manchmal schö, manchmal schwer, je mehr mir das auf der Zellebene spürbar bewusst wird, desto eher tendiere ich dazu, die Dinge nicht mehr ständig kontrollieren zu wollen, festhalten zu wollen, manipulieren zu wollen. Je tiefer ich da hinein spüren kann, desto deutlicher sehe ich:

Wenn wir in unserem Leben die Vorstellung, die Erwartungen so aufbauen, dass sie im Widerspruch stehen, zu der Art und Weise, wie das Leben wirklich ist, dann werden wir leiden – emotionales Leiden, geistiges Leiden, Leiden vieler Art – und beginnen, weil wir das klar erkennen und sehen, mehr und mehr loszulassen, anzunehmen, mit den Dingen zu fließen und sozusagen mehr ein Leben, das „in tune" ist, zu leben.

Wir werden auch wirkungsvoller in dem, was wir tun, weil wir nicht nur versuchen, Dinge zu erreichen, die nicht erreichbar sind, sondern aus dem, was möglich ist, das Beste machen. Das ist, vereinfacht gesagt, was Erkenntnis-Meditation bewirken kann.

2.0 Gebet

Gebetsdefinition

Das Gebet (abgeleitet von bitten) bezeichnet zentrale Glaubenspraxis vieler Religionen. Es ist eine eine verbale oder nonverbale rituelle Zuwendung an ein transzendentes Wesen (Gott, Gottheit, Göttin) oder einen Fürsprecher (Engel, Prophet, Guru). Neben dem Vorgang des Betens (als gemeinschaftliches oder persönliches Gebet) wird im Deutschen mit *Gebet* auch ein vorformulierter, feststehender Text bezeichnet. Ein solches Gebet kann auf einen bestimmten Urheber zurückgehen (z. B. den Religionsstifter, einen Heiligen oder einen religiösen Schriftsteller). Manche Gebete werden zu einem bestimmten Anlass im Leben des einzelnen oder der Gemeinschaft gesprochen. Gebete werden in der Familie oder in der Religionsgemeinschaft tradiert und gelernt. Die bekanntesten Gebete sind im Judentum das Schma Jisrael und im Christentum das Vaterunser. Die Gebets- und Liedersammlung der Psalmen hat für Judentum und Christentum Bedeutung.

Allgemeine Bedeutung

Das Gebet unterscheidet sich durch seine persönliche und kommunikative Komponente von anderen religiösen Praktiken. Es setzt also die Vorstellung eines persönlichen Gottes voraus, die etwa in Buddhismus oder Taoismus nicht vorhanden ist. Außerdem setzt es voraus, dass ein solcher Gott empfänglich für eine solche Form der Zwiesprache ist und nicht etwa allein durch kultische Handlungen, Opferpraktiken etc. erreicht werden kann. Er muss dem Betenden gegenüber präsent sein; in den monotheistischen Religionen wird Gott zumeist als allgegenwärtig angesehen, während naturreligiöse Konzepte den Gottheiten oft bestimmte

Orte zuordnen, sodass sich der Betende zunächst an den jeweiligen Ort begeben muss. Wenn Religionsgelehrte und Theologen an eine Vorherbestimmung glauben, dann erwarten sie nicht, dass der unveränderliche Wille der Gottheit durch menschliche Gebete geändert werden kann, sondern sie erwarten vom Gebet eine Änderung des betenden Menschen: Der das Gute erstrebende Wille Gottes sei nicht zu ändern, aber durch die Gebetstätigkeit werde der Wille des Menschen gestärkt, seine Seele geläutert und somit eine ganzheitliche Änderung zum Guten bewirkt.

Gebetet werden kann im Gottesdienst, in einer Gruppe oder allein. Ganze Gottesdienste werden als Gebet verstanden, wie der jüdische Gottesdienst am Shabbat in der Synagoge, die heilige Messe der katholischen und die göttliche Liturgie der orthodoxen Kirche, das christliche Stundengebet oder das Freitagsgebet der Muslime. Viele Religionen kennen festgesetzte Gebetszeiten.

Gebete können gesungen, laut ausgesprochen oder im Stillen für sich formuliert werden. Es gibt dabei je nach Religion und Konfession unterschiedliche Körper-haltungen und Gesten: stehen, knien, niederwerfen, den Kopf senken, die Hände erheben oder falten. Im Zusammenhang mit Gebeten werden oftmals Symbole oder Hilfsmittel verwendet, wie Gebetskette, Kruzifixe oder Ikonen. Es gibt tradierte liturgische Gebete mit feststehenden Wortfolgen, manchmal in Form einer Litanei, Gebete mit Vorlagen oder spontan formulierte Gebete.

Biblische Grundlagen

Das Neue Testament zeigt mehrere Gebetsformen: Psalmen, Klage, Bitte, Dank, Fürbitte, Anbetung. Das häufigst gebrauchte christlichen Gebet stammt aus dem Neuen Testament: das Vaterunser. Der Wortlaut soll von

Jesus Christus kommen (Lukas 11,2ff).

Die Evangelien zeigen, wie Jesus den Menschen in all ihren praktischen Nöten half. Aber je mehr er das tat, desto mehr wollten sie Gottes momentane Hilfe – Jesus wurde umlagert von Kranken, die Heilung suchten. Solche Erfahrungen betreffen generell das Bitten – werden sie erhört, sind sie *Zeichen*, die auf Gott hinweisen; gleichzeitig fördern sie aber die Neigung der Menschen, von ihrer Gottesbeziehung primär die Erfüllung ihrer Wünsche zu erwarten.

Das Neue Testament gibt zahlreiche Hinweise auf den Stellenwert des Gebets im Verhältnis des Menschen zu Gott, es gibt Empfehlungen zur Art des Betens. Wichtig für das christliche Gebet, für seine Erhörung, ist der Einklang des Beters mit dem Willen Gottes, der Glaube (Markus 9,23). „Bittet, so wird euch gegeben" (Matthäus 7,7). Wenn der Mensch sich Gott und seiner Gottesherrschaft anvertraue, dann werde ihm alles zufallen, was er braucht (Matthäus 6,33). Also könne sich der Mensch mit seinem Anliegen immer wieder im Gebet an Gott wenden, vermittelt durch Jesus (Johannes 14,6), und ihn um alles das bitten, was er täglich benötige. Der Beter dürfe dann erwarten, dass Gott „bei denen, die ihn lieben, alles zum Guten führt" (Römer 8,28). Gemäß Paulus und Johannes ist es der Heilige Geist, der betet, wenn Menschen „nicht wissen, wie und was wir beten sollen" (Römer 8,26-27). Der Heilige Geist tritt als Mittler (Paraklet, „Tröster") ein (Joh 14,13-14). Neben dem vertrauensvollen Beten gibt es auch das klagende und aufschreiende Gebet des Menschen in Not. Jesus selbst wandte sich gemäß dem Markusevangelium am Kreuz mit den Psalmworten „Mein Gott, mein Gott, warum hast du mich verlassen?" (Psalm 22,2, Markus 15,34) an seinen Vater. Die klagenden Lieder der Psalmen (so Psalm 51: „Gott, sei mir gnädig nach deiner Huld", Psalm 51,3) und der Propheten (Klagelieder 1) sind Bestandteil des Betens bis heute. Nach Christi Himmelfahrt beteten die Christen auch zu Jesus. Die vom AT her bekannte Formel „den Namen JHWHs anrufen" wurde nun auf Jesus angewandt; die Formel „die den Namen Jesus anrufen" war dann die Kennzeichnung der Christen (z.B. 1 Korinther 1,2, Apostelgeschichte 9,14). Das Gebet in all seinen Formen, mit seinen unterschiedlichen Auswirkungen, fördert die Beziehung der Menschen zu Gott.

Das Christentum kennt viele Gebetsformen

- Im Gottesdienst: In fast allen Konfessionen gehört das Vaterunser zum Gottesdienst, entweder vom Liturgen oder gemeinsam gesprochen. Daneben gibt es weitere liturgische Gebete, oft im Wechsel zwischen einzelnen und der Gemeinde, freie oder vorformulierte Gebete des Gottesdienstleiters oder gemeinsames freies Gebet der Gemeinde.
- In Gruppen oder als Gebet des Einzelnen: Es gibt feststehende Gebetsformen, z. B. das Trisagion der orthodoxen Kirche, den Angelus in der katholischen Kirche, oder das Stundengebet.
- In der Familie: In vielen christlichen Familien sind Tischgebete üblich, ebenso das Nachtgebet mit den Kindern. Gemeinsame Familienandachten sind selten. In manchen Familien werden die Herrnhuter Losungen oder eines christlichen (Kinder-)Kalenders wie z. B. die „Helle Straße" vorgelesen, oder zusammen die Komplet des Stundengebets oder den Rosenkranz gebetet.
- Kindergebete: meist in Reimform formulierte Gebete wie z. B.: „Ich bin klein, mein Herz mach (ist) rein, soll niemand darin wohnen als Jesus (Gott) allein." Doch beten Kinder oft auch selbst formulierte Gebete.
- Tischgebete

- Morgen- und Abendgebete um den Tag mit Gott zu beginnen und zu beschließen. Eine besondere Form des Abendgebetes ist der Alpsegen oder Betruf.

- Bibeltext-beten: werden vorwiegend mit den Psalmen aus dem AT oder Gebete aus den Briefen des NT, im Wortlaut oder in eigene Worte übertragen als Gebet an Gott rezitiert. Die bekanntesten sind das Benedictus, das Magnifikat und das Nunc dimittis, die auch im Stundengebet täglich gesungen werden.

- Gebetslieder wurden schon zu biblischer Zeit gesungen und sind in den Psalmen überliefert. Lobpreisungen sind an Gott gerichtete Lieder, die ihn, seine Eigenschaften und Taten preisen.

- Thematische Gebete: Es gibt ebenfalls zahlreiche Gebetsgruppen, darunter auch solche, die für besondere Anliegen beten, etwa Friedensgebete.

- Mailgebet: Per E-Mail verschickte Gebete, die häufig der Besinnung mitten im Alltag oder der kurzen Auszeit zwischendurch dienen.

- 24-Stunden-Gebet: Vorwiegend im Umfeld der charismatischen Bewegung im Rahmen des Wächterrufs, aber auch in der Herrnhuter Brüdergemeinde. Verschiedene Beter schließen sich zu einem Verbund zusammen, so dass an jedem Tag zu jeder Stunde „in Schichten" gebetet wird.

- Ewige Anbetung (*Ewiges Gebet*) vor dem in der Monstranz ausgesetzten Altarsakrament ist eine alte Tradition der katholischen Kirche. Sie wird praktiziert von kontemplativen Ordensgemein-schaften und von Pfarrgemeinden. Viele Diözesen haben das *Ewige Gebet* über ein Jahr auf die Kirchengemeinden des Bistums verteilt.

- Persönliches Gebet des Einzelnen: Hier reicht das Spektrum von einem *Vaterunser* vor dem Einschlafen über eine tägliche Stille Zeit, das Beten des Stundengebets (ganz oder einzelne Horen) oder des Rosenkranzes bis zu völlig freiem Gebet.
- Betrachtendes Gebet: ein meditatives, suchendes Gebet. Im katholischen Verständnis bedeutet es Erinnern an das, was Gott an Gutem im Leben des Betenden getan hat, eine „Haltung der Sammlung, der inneren Stille anzunehmen, um nachzudenken und die Geheimnisse unseres Glaubens und das, was Gott in uns wirkt, in uns aufzunehmen". Beispiel Rosenkranzgebet.

Rituelle Zuwendung

Traditionellerweise wird das Gebet als einzelnes Wort (z.B. beim Stoßgebet) oder als Folge von Worten (z.B. beim Unser Vater-Gebet) verstanden. Die biblischen Traditionen des ersten Testaments oder des zweiten Testaments legen mit ihren Erzählungen, Psalm - und Gebetstexten diese Auffassung des Gebets als Wort(e) nahe. Ernesto Cardenal schreibt: "Tatsächlich ist jede Bewegung unseres Körpers ein Gebet. Unser Körper spricht ein tiefes Dankgebet, wenn er seinen Durst mit einem Glas Wasser stillt. Wenn wir uns an heißen Sommertagen in die Fluten eines kühlen Flusses stürzen, singt unsere Haut eine Dankeshymne an ihren Schöpfer, auch wenn dies ein irrationales Gebet ist, das ohne unsere ausdrückliche Zustimmung (...) geschieht. Wir können aber willentlich aus allen unseren Taten ein Gebet machen." Diese "körperliche" Gebetsdefinition wird durch den libanesische Dichter Khalil Gibran noch weiter gefasst: "(...) was ist das Gebet anderes als die Entfaltung eurer selbst in den lebendigen Äther hinein?"

Warum beten?

Urformen des Gebets verweisen zu Unheil - abwendenden Ritualen. Gefahren der Nacht und der Elemente, Bedrohungen feindlicher Stämme und Völker wurden durch Urvölker mit magischen und religiösen Praktiken gebannt. In der Seelsorge wird ein Gebet in Not oder ein Gebet um Bewahrung nach wie vor häufig „genutzt". Doch die Gebets- Motivation, Gott um Hilfe anzurufen, ist nicht die einzige.Das Gebet kann auch als freie Zuwendung verstanden werden.

Lukas Niederberger schreibt: "Beim Beten wenden sich Menschen an ein DU, von dem sie glauben, dass es die Quelle allen Lebens und aller Liebe, aller Schönheit und allen Lichts ist. Darum wird die Antwort auf die Frage, warum wir beten, letztlich bei den meisten Menschen dadurch begründet sein, dass die Liebe eines DU sie lockt, den Liebesruf zu erwidern."

Wofür beten?

Kraft und Sinn für den Alltag schöpfen regelmäßiges Beten gibt, wie andere Rituale dem Alltag eine kultivierte Struktur. Rituale mit einem höheren geistigen und geistlichen Gehalt geben dem Alltag über die Struktur und den Halt hinaus die Sinntiefe, ohne die der Mensch zwar überleben, aber nicht wirklich leben kann. Der Alltag ist durch das Gebet mehr verankert und ich kann mich leichter an die schwierigen Sachen heranwagen, weil ich meine Kraft und Motivation aus der inneren göttlichen Quelle schöpfe.

Selbsterkenntnis

Das Gebet stellt eine der "ehrlichsten Tätigkeiten" des Menschen dar, da der Mensch im Gebet unausweichlich mit seinen Sehnsüchten, Ängsten, Verletzungen und Grenzen konfrontiert ist.

Selbstreinigung

Die Buß-Gebete und Sündenbekenntnisse der kirchlichen Tradition spiegeln am ehesten diese Funktion des Gebets. Wer hier nur an "exotische Wilde in fernen Kontinenten" denkt, sei erinnert an – vornehmlich in katholischen Landesteilen der Schweiz praktizierte - Kreuzzeichen beim Betreten der Kirche (oft mit Weihwasser) oder beim Erblicken eines Wegkreuzes. In ähnliche Richtung könnten religiös-magische Praktiken wie Alpsegen zum Schutz des gesömmerten Viehs oder diverse Schadenzauber gehen.

In der Religionsphänomenologie wird unterschieden, zwischen apotropäischen (Unheil abwendenden) und eliminatorischen (beseitigende) Riten. Zur ersten Gruppe gehören jegliche Formen von Lärm, Trommeln, Glocken, Feuern/Räuchern usw.. Zur zweiten Gruppe zählt er u.a. den Sündenbockritus (Levitikus 16).

Selbstmotivation

Das Gebet kann als "ermutigenden Kraftstrom" auf den Menschen einwirken. Fürbitte-Gebete wirken auf den Betenden zurück als Aufforderung zum Handeln und als Kraft zur Tat.

Heilmittel für die Welt

Auch wenn das Gebet kritisch gesehen als Delegieren der Verantwortung an Gott gesehen werden kann, öffnet es doch stets den Blick für die Welt. Für den Reformator Huldrych Zwingli schließt "alles rechte Beten die Mitmenschen mit ein".

Wann und wo beten?

Mit dem Gebet sollen sich die Menschen in ihrem Alltag nicht lieblose und mechanische Pflichtübungen aufbürden. Lukas Niederberger schreibt: "Wenn gewisse Gebete nicht täglich möglich sind, dann kann ich vielleicht eine spezielle Wochenend-Kultur kreieren, reserviere mir monatlich einen Tag oder ein Wochenende der Stille oder gönne mir jährlich ein oder zwei Wochen mit Gebet, Meditation, Pilgern oder Fasten."

In einer "Gebetsbilanz" (ein Raster, mit dem man sich einen Überblick über persönliche Gebetsformen verschafft), schlägt Lukas Niederberger beobachtbare Gebets-Kadenzen von "täglich" über "wöchentlich" und "monatlich" bis hin zu "jährlich" oder zu Zeiträumen von "alle 5 –10 Jahre" vor. Beim Beten scheint weniger mehr zu sein! Das Gebet soll in frei wählbaren Formen in frei wählbaren Zeitabständen in den Lebensrhythmus integriert werden. Jesus redet im Blick auf den Gebets-Ort vom berühmten verschlossenen Kämmerlein. "Berufsbeter"werden öffentliche Räume ebenso beanspruchen (müssen). Die beiden Gebetsorte sind nicht gegeneinander auszuspielen. Meister Eckhart dazu: "Jemand mag übers Feld gehen und sein Gebet sprechen und Gott erkennen; er mag in der Kirche verweilen und Gott erkennen. Denn Gott ist gleich in allen Dingen und an allen Orten. Und Gott ist bereit sich gleich zu geben soweit es an ihm liegt."

Einbeziehung des Leibes bei der Meditation

Wer sich sammeln und längere Zeit still sein will, tut gut daran, den Körper bewusst mit einzubeziehen. Beim Sitzen ist es hilfreich, den tragenden Boden deutlich wahrzunehmen, damit Verspannungen im Körper besser losgelassen werden können. Aufmerksamkeit und gespannte Wachheit ist zwar in verschiedenen Körperhaltungen möglich, aber eine aufgerichtete Haltung unterstützt das innerliche aufrichtige Da sein. Jeder muss dabei herausfinden, was ihm gut tut und hilft. Für viele Menschen ist das Knien oder das Sitzen im Fersensitz auf einer Meditationsbank zu der bevorzugten Haltung geworden, weil diese Haltung aufrechtes Sitzen ermöglicht und wenig Energie braucht. Allerdings muss das in der Regel eingeübt werden. Die Beachtung des

Atems kann helfen, ruhig zu werden. Der eigene Rhythmus wird dabei nicht einem bestimmten Muster angepasst, sondern in erster Linie wahrgenommen: Einatmen - Ausatmen - Pause.

Welche Bereiche im Körper dehnen sich beim Einatmen aus, welche werden beim Ausatmen kleiner? Allein das Beobachten kann helfen, zur eigenen Mitte zu finden, wenn die Gedanken immer wieder spazieren gehen. Eine aktivere Form, um zur Ruhe zu kommen, ist das Meditieren im Gehen. Durch den Rhythmus der Schritte und die äußere Bewegung kann auch innerlich etwas neu in Bewegung kommen. Wer diese Form der Meditation geübt hat, dem hilft es, Gebet in den Alltag zu integrieren.

Herzensgebet

Das Herzensgebet, das auch immerwährendes Gebet genannt wird, hat eine jahrhundertelange Tradition im christlichen Bereich. Schon den Wüstenvätern ging es darum, sich möglichst ständig bewusst zu sein, dass Gott da ist. Sie wollten lernen, ununterbrochen zu beten und selbst wach und aufmerksam für Gottes Gegenwart zu bleiben.

Dazu übten sie, sich durch das Wiederholungsgebet „Jesus Christus, erbarme dich meiner", das im Rhythmus des eigenen Atems immer wieder innerlich gesprochen wurde, auf Gott zu konzentrieren ohne ständig von eigenen Gedanken abgelenkt zu werden. Das klingt ganz einfach, ganz so leicht ist es aber nicht. Das Bibelwort, auf das das Herzensgebet zugrunde liegt, ist der Schrei des blinden Bettlers Bartimäus zugrunde (Markus 10,46-52).

Mit leeren Händen und im Bewusstsein der eigenen Blindheit für die Wirklichkeit Gottes anhaltend darum zu bitten, dass sich sein Erbarmen verwandelnd auswirkt, ist eigentlich keine meditative Einzelübung, sondern ein spiritueller Übungsweg für Menschen, die ihren Alltag von der Barmherzigkeit Gottes prägen lassen wollen.

In der westlichen Kirche wurden verschiedenen Herzensgebete entwickelt, die Bibelworte aufnehmen. Wenn das Wort, das gebetet wird, der Name Jesu ist, wird das Herzensgebet zum Jesusgebet. Für einen Einstieg in das sind Worte geeignet, die gut langsam innerlich gesprochen und im Rhythmus des eigenen Atems wiederholt werden können, z. B.:

„Jesus Christus, erbarme dich meiner.Ich in dir und du in mir. Jesus Christus mein Herr und mein Gott. Jesus Christus".

Beten in Gruppen
Vorschläge für die Praxis, um schweigendes Gebet Gruppen, im Hauskreis einzuüben: Die folgenden Vorschläge können Sie für sich allein oder in der Gruppe ausprobieren. Beginnen Sie jeweils mit einer Zeit, um bewusst in der Stille anzukommen. Dann nehmen Sie den jeweiligen Impuls für die Meditation auf. Schließen Sie die Zeit auch bewusst ab, z. B. mit einer Geste oder einem Gebet ab. Teilen Sie einander dann mit, wie es Ihnen ergangen ist und was Ihnen wichtig geworden ist.

Sitzend-kniend Beten
Um in einer Haltung zu kommen, die dabei hilft, während eines Gebetszeit in der Stille wach und aufmerksam da zu sein, finden es viele Leute hilfreich, sich auf eine Kniebank zu setzen. Für eine gemeinsame Stille im Hauskreis kann man sich auch ohne sich anzulehnen etwas vorne auf einen Stuhl mit einer festen Sitzfläche setzen. Die Füße stehen gerade auf dem Boden, die Hände liegen in den Schoß oder auf den Oberschenkeln. Zur Einführung kann dann der folgende Text vorgelesen werden. Dabei ist es wichtig, langsam und mit genügend Pausen zu lesen, damit die Teilnehmenden nachspüren können.

Ich nehme bewusst meinen Platz auf dem Stuhl ein und spüre die Stellen, wo mein Körper Kontakt zum Stuhl und zum Boden hat. Ich werde getragen, ich lasse mich tragen. Meine Schultern ziehe ich einmal bewusst zu den Ohren hoch, dann die Arme in Richtung Boden. Anschließend lege ich die Hände locker auf den Schoß oder auf die Oberschenkel. Nun gehe ich mit meiner Aufmerksamkeit ganz langsam die Wirbelsäule entlang und richte mich auf: Lendenwirbel, Brustwirbel, Halswirbel. Ich stelle mir vor, dass meine Wirbelsäule ganz sanft an einem Faden von oben gehalten wird. Den Kopf kann ich leicht zur Brust neigen, die Stirn, die Augen und den Mund entspannen. Nun nehme ich meinen Atem wahr, wie er kommt und geht, ohne dass ich etwas dazutun muss. Ich atme ein, ich atme aus. So verweile ich in der Stille. Bei einer ersten Einübung sollte die Stille ca. 3 Minuten dauern. Die Zeit wird wahrscheinlich sehr unterschiedlich lang empfunden. Teilen Sie einander anschließend mit, wie es Ihnen ergangen ist: Was haben Sie während der Übung erlebt? Was war ungewohnt, vertraut, schwierig oder schön? Wie sind Sie nun da?

Wortmeditation / Schriftmeditation
Ein kurzes Bibelwort (z.B. Du bist mein Gott, in deiner Hand sind meine Zeiten.Ps. 31,16) soll im Herzen bewegt werden. Dazu wird es dreimal laut vorgelesen. Während der Stille soll er immer wieder in Gedanken wiederholt und in sich aufgenommen werden. Wenn es sich um einen längeren Text handelt, kommt es nicht darauf an, alles genau wiederzugeben, sondern jeder soll das betrachten, was er behalten hat.

Variante: Liedmeditation
Als Text kann auch ein Vers eines Liedes meditiert werden. (z.B.: Du durchdringest alles, lass dein Schönstes Lichte, Herr berühren mein Gesichte. Wie die zarten Blumen willig sich entfalten und der Sonne stille

halten, lass mich so still und froh deine Strahlen fassen
und dich wirken lassen.G. Tersteegen)

Die Lectio Divina:
Die Lectio Divina („göttliche Lesung") ist eine meditative
Art, die Bibel zu lesen. Ein Bibeltext (z. B. die
Jahreslosung Psalm 73, 28; Matthäus 11,28-29) wird
dazu viermal mit Pausen vorgelesen, und schweigend
jedes Mal unter einem anderen Aspekt betrachtet:

1. Lectio / Lesen: Einfach zuhören, was der Text sagt.
2. Meditatio / Besinnen: Was berührt mich an dem Text
heute?
3. Oratio / Beten: Wozu fordert mich Gott heute auf?
4. Contemplatio / Betrachten: Nichts bedenken,
sondern in der Gegenwart Gottes ruhen. Nach dem
Lesen teilen sie einander mit, was Ihnen wichtig
geworden ist und beten Sie anschließend füreinander.

Schrittmeditation
Überlegen Sie, welches (Bibel)Wort oder welcher
Gedanke Ihnen im Moment wichtig ist. Probieren Sie aus,
in welchem Schritt-Rhythmus Sie das Wort für sich
wiederholend gehen wollen. Verabreden Sie eine Zeit
(ca. 20 Minuten), in der jeder mit seinem Wort spazieren
geht.

Gebetsspaziergang
Gott mit allen Sinnen erleben: Machen Sie schweigend
einen Spaziergang und richten Sie dabei alle Ihre Sinne
auf Gott aus: Was sehen, hören, riechen, fühlen,
schmecken Sie? Wie begegnet Gott Ihnen darin?
Kommen Sie mit ihm darüber ins Gespräch.

Herzensgebet

Verabreden Sie, in der folgenden Woche zu versuchen, ein Herzensgebet zu üben. Probieren Sie es bei unterschiedlichen Tätigkeiten, die den Kopf nicht beschäftigen, aus: beim Spazieren gehen (Hund ausführen), beim Joggen, im Fitnessstudio, beim Bügeln, beim Unkraut jäten, beim Schwimmen, beim Kochen, beim Autofahren, beim still Sitzen,...? Sprechen Sie am nächsten Abend über Ihre Erfahrungen. Wo ist es Ihnen gelungen und wo gar nicht?

Ein eigenes „Herzensgebet" entwickeln

Suchen Sie sich einen vertrauten Bibeltext aus (z.B. Mk 10,46-52, die Heilung des Blinden Bartimäus). Kommen Sie darüber, was Ihnen am jeweiligen Text wichtig ist, ins Gespräch. Versuchen Sie, 3-5 wesentliche Sätze zu formulieren, die sich als Gebet eignen. Die Sätze sollen so kurz und einfach wie möglich sein, ohne so allgemein zu bleiben, dass sie für jeden Bibeltext anwendbar sind. In jedem Satz soll neben dem Wort „du" (dir, dich,...) das Wort „ich" (mir, mich, mein ...) vorkommen, damit deutlich wird, dass es ein persönlicher Gebetssatz ist. Suchen Sie sich einen Ihrer Gebetssätze aus, den sie in der nächsten Woche üben wollen. Erfahrungsgemäß verändern und vereinfachen sich diese Sätze dann noch, wenn Sie sie wirklich beten.

Schriftteppich

Ein Blatt Papier wird freihändig mit einem Rahmen versehen und dann schwungvoll liniert. Der Bibeltext (oder ein Gedanke zu dem Text) wird dann in Großbuchstaben in die Linien geschrieben. Nach jedem Wort kann ein Punkt gesetzt werden. Dann kann mit Farbe weitergearbeitet werden.

Gebetsformen und Gebetshaltungen

Beten - eine Haltung

Im Glaubensgemeinschaften, Kirchen, Gottesdiensten, in Hauskreisen beten die meisten Leute wahrscheinlich im Sitzen und mit gefalteten Händen.

Zu biblischen Zeiten war diese Haltung noch nicht üblich. Juden und die ersten Christen beteten stehend mit erhoben Händen. Das Falten der Hände wurde erst im 9. Jahrhundert von den Germanen übernommen. Wer sich freiwillig einem Herrn unterwarf und zum Dienst verpflichtete, legte ihm seine gefalteten Hände in die Hände. Diese Gebärde wurde als Ausdruck einer inneren Haltung auf die Beziehung zu Gott übertragen.

Wenn wir Erfahrungen machen, etwas wahrnehmen oder verstehen ist unser Körper immer mit beteiligt. Unsere Sprache drückt diesen Zusammenhang noch aus: etwas verstehen, begreifen, erfassen, aufnehmen. Eine Einstellung oder eine Haltung haben. Eine innere Haltung spiegelt sich oft in der äußeren Haltung. Das, was uns beschäftigt, was uns bewegt, was wir denken und fühlen, drückt sich in unserer Körpersprache aus.
Sich mit unterschiedlichen Gebetshaltungen und Gebetsgebärden zu beschäftigen und sie auszuprobieren bietet uns eine Chance, Gotteserfahrungen noch zu vertiefen, wenn wir ihnen bewusst mit einer passenden Geste oder Körperhaltung Ausdruck geben. Eine leise Ahnung verdichtet sich dadurch. Etwas wird uns plötzlich deutlicher und lässt sich besser fassen. Darüber hinaus kann uns eine besondere Körperhaltung auch für Neues öffnen. Das kann bei einer Haltung auch ganz Unterschiedliches sein. Bewusstes Stehen vor Gott kann z. B. dazu führen, dass wir neu wahrnehmen, festen Boden unter den Füßen zu haben oder als Gegenüber geschaffen zu sein.

75

Beten mit den Händen
Unsere Hände haben nicht nur für die viele Arbeiten eine zentrale Bedeutung, sie haben auch in der Kommunikation und der Begegnung eine wichtige Funktion. Wir zeigen, tasten und fühlen mit den Händen und wir drücken uns auch über sie aus. So ist es nicht verwunderlich, dass die Bewegungen der Hände auch beim Gebet eine Rolle spielen. Je nachdem, ob sie geöffnet oder in einander verschränkt, ob sie erhoben oder gesenkt werden, zeigt sich eine andere innere Haltung.

• Hände heben und ausstrecken
Wenn wir mit weit in Schulterhöhe ausgestreckten Arme dastehen und die Handflächen nach oben halten, spüren wir Weite und Freiheit. Die Hände ganz nach oben auszustrecken, kann auch ausdrücken, dass wir uns wünschen, dass Gott an uns handelt. Strecken wir die Hände eher nach vorn aus, zeigen wir, dass wir uns von ihm führen lassen wollen.

• Hände verschränken
Dazu gibt es verschieden Möglichkeiten: Die Finger liegen dabei locker ineinander, die Handflächen aneinander, aber sie berühren sich nicht. Oder: Die Handflächen werden mit verschränkten Fingern aneinander gedrückt. Oder: Die Finger lösen sich dann, die Handflächen bleiben aneinander und werden aufgerichtet. Aneinander gelegte Handflächen führen zu einer Sammlung und Konzentration.

• Händen bilden vor dem Körper eine Schale
Diese Haltung ist eine Haltung der Offenheit und Aufnahmebereitschaft Gott gegenüber, ich halte ihm meine leeren Hände hin.

• Hände vor der Brust kreuzen

Bei Ordensgelübden ist dies die übliche Haltung, die Hingabe und gleichzeitig volles Vertrauen zeigt.

• Hände vor das Gesicht halten

Mit dieser Haltung ziehen wir uns von allem um uns herum zurück und konzentrieren uns auf das eigene Herz. Mit den Händen das Kreuzzeichen machen. Jemand anderes mit Händen betend berühren: Wenn jemand gesegnet werden wollte, wurden ihm betend die Hände aufgelegt. Sollten viele oder das ganze Volk gesegnet werden, so streckte man dazu die erhobenen Hände aus.

Beten im Sitzen

Das Sitzen ist vor allem in Hinduismus und Buddhismus eine typische Gebetshaltung, aber auch die frühen Mönche kennen das schweigende Sitzen als Gebetshaltung. Das aufrechte Sitzen oder Sitzen auf einer Kniebank bei der Meditation ermöglicht innere Sammlung und Aufmerksamkeit. Sich hinzusetzen bedeutet, einen Platz einzunehmen und sich niederzulassen. Es verhilft dazu, innerlich da zu sein und zur Ruhe zu kommen. Die Bibel kennt beim Sitzen weitere Aspekte: Beieinander zu sitzen ist Zeichen des friedlichen Miteinanders. Auf einem Thron zu sitzen, bedeutet zu herrschen. Auf dem Boden zu sitzen, kann ein Zeichen von Trauer oder Reue sein.

Beten im Stehen

Stehen ist wahrscheinlich die ursprünglichste Haltung, um zu beten. Vor Gott stehen, mich stellen, vor ihm neu zustande kommen - da deutet sich schon an, dass äußere und innere Haltung zusammengehören. So bringen viele Bibelstellen das Stehen mit dem Glauben zusammen. Fest stehen, Boden unter den Füßen haben, einen neuen Stand haben, in Gnade stehen. In der Bibel ist das Danken und Loben im Stehen die gebräuchlichste Gebetshaltung. Sich dabei zu verneigen, ist eine Demutsgeste, die Ehrfurcht vor der Macht und Größe Gottes zum Ausdruck bringt. Es unterstützt das innere aufrichtig vor Gott sein, wenn wir äußerlich eine aufrechte, eine aufgerichtete Haltung einnehmen.

Beten auf den Knien

Auf die Knie gehen oder vor Gott niederzufallen, bedeutet, sich bewusst klein zu machen und die eigene Ohnmacht anzuerkennen. Im Knien oder im Fersensitz zu beten, bedeutet entsprechend demütig im Bewusstsein der Größe Gottes vor ihn zu kommen und Ehrfurcht zu zeigen. Das Knien, kann eine anbetende oder eine bittende Haltung zeigen.

Sich vor Gott niederwerfen und liegen

Ähnlich - wie das sich vor Gott Verbeugen oder das Knien - ist es eine Demutsgeste, sich vor ihm niederzuwerfen und auf das Angesicht zu fallen. So zu beten,drückt Hingabe und Unterwerfung aus.

Beten im Gehen

Das langsame Schreiten ist heute noch in Prozessionen eine Gebetshaltung. Bewusstes langsames Gehen kann ein Ausdruck dessen sein, dass wir auf Gott zugehen und ihm näherkommen wollen. Ähnlich wie Pilger können wir uns dadurch auf einem Weg mit Gott erleben, als Menschen, die mit Gott unterwegs sind oder die ihm nachfolgen.

Vorschlag für die Praxis

Probieren Sie jeder für sich selbst die verschiedenen Gebetshaltungen und Gebärden aus und nehmen Sie wahr, was sich dabei in Ihnen tut. Fangen Sie damit an, bewusst aufrecht zu stehen.
Experimentieren Sie dabei unterschiedliche

Handhaltungen. Halten Sie die Hände nah am Körper und wieder weiter weg. Nehmen Sie sie vor den Bauch oder vor die Brust. Übertreiben Sie die Gesten ruhig auch. Probieren Sie auch aus, sich unterschiedlich stark zu verneigen und spüren Sie, was sich dabei verändert. Neigen Sie zuerst nur den Kopf, dann Kopf und Schultern und beim dritten Mal beugen Sie auch den ganzen Oberkörper. Lassen Sie sich dabei genug Zeit, um die verschiedenen Haltung einzunehmen und deren Wirkung nachzuspüren:

Fragen zum Beten
Was tut sich in mir?
Was löst die Haltung in mir aus?
Fühle ich mich wohl oder regt sich Widerstand?
Kommen Erinnerungen, Bilder, Gefühle hoch?
Wann wird eine Handhaltung unnatürlich?
Wie erlebe ich Gott, wie erlebe ich mich in der jeweiligen Haltung?
Welche Haltungen führen mich ins Gebet?

2.1 Lösen, Loslassen - wie kann das gelingen?

Ich habe erlebt, in dem Moment, wo ich Gedanken,
Vorstellungen und Gefühle wirklich hergebe, loslasse und
opfere, gibt es einen Raum der Stille, ein unsichtbares
Gegenüber, was diese Opfer annimmt, aufnimmt und
verwandelt.

Wenn ich bereitwillig meine Gefühle wie.z.B. Scham,
Schuld, Hass, Wut, aber auch Liebe, Sanftmut ergebe
und Vorstellungen, die mir den Weg verstellen, die mit
Kämpfen, Leisten, Streben nach Anerkennung, Eitelkeit,
Prahlerei, etc. loslasse, dann kann etwas an diese Stelle
treten und diesen Platz ausfüllen.

Diesen Vorgang versuche ich immer wieder praktisch zu
üben, zu tun. Ein kribbelndes Gefühl, ein Strömen war für
mich wahrnehmbar. Ein Gefühl des Aufgeladen, von
Wärme umhüllt werden folgte hierauf. Ein Gefühl der
Befriedung und Geborgensein stellte sich bei mir ein, es
überkam mich.

Eine Beziehung zu opfern, eine Partnerin loszulassen,
ein Haus, eine Heimat zu verlieren, oder aktiv gewollt
hinter sich zu lassen, Freundschaften zu opfern, einen
Lebensentwurf, eine beruflichen Weg können in einen
neuen, anderen Licht erscheinen, wenn ich mich auf
dieses Prozess des Opfern einlasse.

Bei äußeren, materiellen Gütern, Geld spenden,
verlieren, etc. fühlt es sich anders an, nicht so strömend,
kribbelnd und warm. Wie, das kann ich momentan
konkreter noch nicht beschreiben.

Dieses aktive innerliche Opfern, herschenken, hergeben
von etwas nicht Materiellem wird - so glaube ich
persönlich - zu einer Substanz, zu etwas Wesentlichem,
das in der Ewigkeit bleibt und eine Verbindung darstellt
zur Göttlichkeit, zu allem Lebendigen im Jenseitigen,
dem für mich unsichtbaren.

2.2 Christliches Handeln - Werke der Barmherzigkeit

Im Christentum unterscheidet man verschiedene Werke der Barmherzigkeit. Sie sind eine beispielhafte Aufzählung von Handlungen, in denen sich Nächstenliebe äußert. Ihre Aufzählung geht auf die Bibel zurück. Die biblische Aufzählung umfasste ursprünglich die folgenden Werke der Barmherzigkeit:

- Hungrige speisen
- Durstige tränken
- Fremde beherbergen
- Nackte bekleiden
- Kranke besuchen
- Gefangene besuchen
- Tote bestatten

Die Reihenfolge dieser Werke folgt der sogenannten Endzeitrede Jesu Christi in Matthäus (Matthäus 25,34–46). Das siebte Werk, die Toten zu bestatten, wurde von dem Lactantius mit Bezug auf das Buch Tobit (Tobit 1,17–20) hinzugefügt und hat sich in der katechetischen Tradition der Kirche als Bestandteil der *sieben Werke der Barmherzigkeit* etabliert. Lactantius hat in *„Epitome divinarum institutionum"* insgesamt neun Werke genannt:

- Hungernde speisen
- Nackte kleiden
- Unterdrückte befreien
- Fremde und Obdachlose beherbergen
- Waisen verteidigen
- Witwen schützen
- Gefangene vom Feind loskaufen
- Kranke und Arme besuchen
- Mittellose und Zugezogene (also Menschen ohne Familie vor Ort) bestatten

Die Liste umfasst verschiedene alt- und neutestamentliche Gebote, ohne dass sie einer einzelnen Bibelstelle zuzuweisen wären.

Bedeutung

Die Bedeutung der *Werke der Barmherzigkeit kann* darin liegen, dass das Tun der Barmherzigkeit nicht im Gedanken der Belohnung für gute Werke gründet, sondern in der Identifikation mit den Notleidenden (misericordia). Im Neuen Testament wird dies im Gleichnis des barmherzigen Samariter (Lukas 10,25-37) erzählt. Obwohl die Lehre von den guten Werken biblisch begründet werden kann, war sie seit der Reformationszeit Gegenstand konfessioneller Auseinandersetzungen. Martin Luther, der einen *Sermon von den guten Werken* (1520) verfasste, verurteilte die römische „Werkgerechtigkeit" scharf. Das Tridentinum hielt dagegen fest, dass ein Gläubiger durch gute Werke seine Gnade vermehren kann. Diese theologischen Streitigkeiten gelten mittlerweile als überwunden. Beide Konfessionen betonen, dass es bei den Werken der Barmherzigkeit nicht um eigene Verdienste geht, sondern sie „Früchte des Heiligen Geistes" sind. In der evangelischen Kirche werden häufig nur die in der Endzeitrede vorkommenden sechs Werke genannt, während in der römisch-katholischen Kirche auch weitere Werke genannt werden. So unterscheidet der katholische Katechismus (KKK 2447) zwischen sieben geistlichen und sieben leiblichen Werken:

Geistliche Werke der Barmherzigkeit

- die Unwissenden lehren
- die Zweifelnden beraten
- die Trauernden trösten
- die Sünder zurechtweisen
- den Beleidigern gern verzeihen
- die Lästigen geduldig ertragen
- für die Lebenden und Verstorbenen beten

Dabei wird insbesondere das Almosengeben in Bezug auf Tobit   (Tobit 4,5–11), Jesus Sirach (Sirach 17,22) und Matthäus (Matthäus 6,2–4) hervorgehoben.

Leibliche Werke der Barmherzigkeit

- Hungrige speisen
- Obdachlose beherbergen
- Nackte bekleiden
- Kranke besuchen
- Gefangene besuchen
- Tote begraben
- Almosen geben

Persönliche Barmherzigkeit

Wo habe ich die Werke der Barmherzigkeit in der Realität umgesetzt, und wo noch nicht...und warum nicht...? Die Werke der Barmherzigkeit kann ich auch in einem ganz persönlichen inneren Dialog führen und mich selbst fragen: Was nehme und gebe, opfere ich mir und was gebe, opfere und nehme ich anderen:

Nach was bin ich hungrig?
Nach was dürstet es mich?
Wo bin ich obdachlos, schutzlos, heimatlos?
Was möchte ich gerne beherbergen?
Wo bin ich nackt und schutzlos?
Wo bin ich krank/ lebe ich ungesund?
Was nimmt und was gibt mir Krankheit?
Wie kann ich heile / gesund werden?
Wie kann ich mich selbst heilen?
Wo sind meine Wunden?
Was brauche ich für meine Heilung?
Was heilt mich?
Worin bin ich gefangen?
Was hält mich gefangen?
Was habe ich begraben?
Was soll / muss ich begraben?
Wo fällt es mir schwer, etwas zu begraben?
Was kann ich verschenken / loslassen?
Was gebe ich von mir her?
Was kann ich verschenken?
Wo bin ich bedürftig / brauche ich Almosen, Unterstützung?
Verschenke ich Blicke, Gefühle, Gedanken, Sachwerte, Liebe, Empathie, Mitgefühl, Akzeptanz, Humor?
Wie weit gehe ich mit meinem Geben dabei?
Wo ist meine Grenze des Gebens?
Was gebe ich von mir her?

Selbstlose Barmherzigkeit

Diese Fragen kann ich auch an mein Gegenüber, an meinen Freund, an meinen Feind, an jedes Geschöpf richten:

Nach was hungerst Du?
Nach was dürstet es Dich?
Wo bist Du ohne Obdach?
Was möchtest Du beherbergen?
Was kannst Du noch nicht beherbergen?
Wo bist Du nackt und schutzlos?
Was brauchst Du für Deinen Schutz?
Was an Dir ist krank?
Was brauchst Du zur Gesundung?
Wo bist Du gefangen?
Was hält Dich gefangen?
Wer hält Dich gefangen?
Was musst Du begraben?
Was muss in Dir Sterben und erlöst werden?
Was möchtest Du begraben?
Was brauchst Du für Almosen / Unterstützung?

2.3 Quellen

Dietmar Kamper, Christoph Wulf (Hg.), Das Heilige. Seine Spur in der Moderne, Frankfurt 1987

Rudolph Otto, Das Heilige. Über das Irrationale in der Idee des Göttlichen und sein Verhältnis zum Rationalen, 1917, 31.-35. Auflg. München 1963

Brigitte Boothe, Das Dasein als Wunder. Die Entfaltung religiösen Erlebens. Vortrag am 20.10.01 bei der Tagung der DPG in Hamburg: Religiöses Erleben verstehen.

Heide Göttner-Abendroth, Die Göttin und ihr Heros, München 1980

Mircea Eliade, Die Religionen und das Heilige, Frankfurt 1998

Rudolf zur Lippe, Das Heilige und der Raum

Dietmar Kamper, Das Ereignis und die Ekstasen der Zeit, in: Kamper, Das Heilige

Konrad Thomas, Soziologische Zugänge zum Heiligen, in: Kamper, Das Heilige

Christoph Wulf, Religion und Gewalt, in: Kamper, Das Heilige,

Thomas Luckmann, Die unsichtbare Religion, Frankfurt, 1991

Stefan Breuer, Die Gesellschaft des Verschwindens, Hamburg, 1992

Die Wiederkehr des Glanzes in der Welt, 257-283

A. Ganoczy, Art. Erbsünde, in: Lexikon der katholischen Dogmatik, hg. von W. Beinert, Freiburg: Herder 1987, 121-123;

W. D. Hauschild, Lehrbuch der Kirchen- und Dogmengeschichte Bd. I, Gütersloher Verlagshaus: Gütersloh 1995, 225-237 (zu Augustinus).

Texte von Augustinus: Texte zur Theologie/ Dogmatik, Gnadenlehre I, bearbeitet von G. L. Müller, Graz-Wien-Köln: Styria 1996, 144-179.

Zu Augustinus: P. Brown, Die Keuschheit der Engel, München-Wien: Hanser 1991, 395-438.

D. Sölle, Lieben und Arbeiten;

F. W. Marquardt, Was dürfen wir hoffen, wenn wir hoffen dürften, Bd. 2, §4: Zukunft und Tod;

J. M. Keynes, Allgemeine Theorie der Beschäftigung, des Zinses und des Geldes, Berlin 51974

Rudolf Smend, Ulrich Luz: Gesetz, S. 89-112; F. W. Marqurdt, Was dürfen wir hoffen Bd. 1, 226-237

Bernd J. Claret: Geheimnis des Bösen. Zur Diskussion um den Teufel, Innsbruck: Tyrolia 1997

Chr. Gestrich, Die Wiederkehr des Glanzes in die Welt, 320-349;

J. Werbick, Soteriologie, 226-274;

D. Sölle, Stellvertretung. Ein Kapitel Theologie nach dem "Tod Gottes".

R. Guardini, Der Herr, Mainz-Paderborn 161997, 573 ff.

F. Diekamp, Kath. Dogmatik nach den Grundsätzen des Heiligen Thomas, Münster 3-51921, 285-290.

Dietmar Kamper, Christoph Wulf (Hg.), Das Heilige. Seine Spur in der Moderne, Frankfurt 1987, S. 1 ff. Rudolph Otto, Das Heilige. Über das Irrationale in der Idee des Göttlichen und sein Verhältnis zum Rationalen, 1917, 31.-35. Auflg. München 1963 S. 16

Brigitte Boothe, Das Dasein als Wunder. Die Entfaltung religiösen Erlebens. Vortrag am 20. 10. 01 bei der Tagung der DPG in Hamburg: Religiöses Erleben verstehen.

Heide Göttner-Abendroth, Die Göttin und ihr Heros, München 1980

Mircea Eliade, Die Religionen und das Heilige, Frankfurt 1998

Rudolf zur Lippe, Das Heilige und der Raum, S. 418

Dietmar Kamper, Das Ereignis und die Ekstasen der Zeit, in: Kamper, Das Heilige, S. 667

Konrad Thomas, Soziologische Zugänge zum Heiligen, in: Kamper, Das Heilige, S. 91

Christoph Wulf, Religion und Gewalt, in: Kamper, Das Heilige, S. 245

Thomas Luckmann, Die unsichtbare Religion, Frankfurt, 1991

Stefan Breuer, Die Gesellschaft des Verschwindens, Hamburg, 1992, S. 192

2.4 Schlusshinweis

Da ich aus Kostengründen auf ein professionelles Lektorat mit Redakteur, Begleitung und Aufbereitung des Manuskript durch einen Verlag verzichtet habe, können Fehler im Text enhalten sein. Ich habe den Text, das Layout und das Cover selbst erstellt und entworfen. Sollte es zu Übereinstimmungen mit anderen Werken gekommen sein, so bitte ich dies zu entschuldigen und mir umgehend mitzuteilen, damit es zu keinen Urheberrechtsverletzungen kommt und wenn doch, dass ich diese umgehend beheben kann. Für Anregungen, Kritik, Ergänzungen und Feedback können Sie mir gerne per Email schreiben an:

Linus.Botha@gmx.de   Vielen Dank !!!

werden. Der Verlag und auch der Autor übernehmen keine Haftung für die Aktualität, Richtigkeit und Vollständigkeit der Inhalte des Buches, ebenso nicht für Druckfehler. Es kann keine juristische Verantwortung sowie Haftung in irgendeiner Form für fehlerhafte Angaben und daraus entstandenen Folgen vom Verlag bzw. Autor übernommen werden. Für die Inhalte von den in diesem Buch abgedruckten Internetseiten sind ausschließlich die Betreiber der jeweiligen Internetseiten verantwortlich.